Neuroses atuais e patologias da atualidade

Neuroses atuais e patologias da atualidade

Paulo Ritter

c coleção
c clínica
p psicanalítica

Pearson

Aos meus filhos Marina e Giovanni, pelas ausências;
Ao meu filho João, pelo escritório fechado;
À minha esposa Ana Paula, pelas várias faces do amor.

Este livro foi elaborado tendo como base minha dissertação de mestrado – *Confluências entre as neuroses atuais e as patologias da atualidade* – defendida em 2013, no Programa de Pós-Graduação em Teoria Psicanalítica (Instituto de Psicologia/UFRJ), e orientada por Marta Rezende Cardoso.

Introdução

Nas últimas décadas, no campo da psicanálise, assistimos à proliferação de trabalhos que abordam a clínica contemporânea a partir de dois enfoques principais: ora apontam o ineditismo da situação atual, com termos como "novas patologias" e "novos sintomas", ora destacam apenas a peculiaridade do que se apresenta hoje sem necessariamente postular que se trata de algo inédito, e nesse caso utilizam-se termos do tipo "subjetividades contemporâneas" ou "sofrimentos contemporâneos".

Por outro lado, a antiga centralidade que a psicanálise apresentava como método terapêutico, ocupando lugar de honra ao lado da psiquiatria, cedeu lugar a outros métodos que supostamente se pautam por critérios mais científicos e possibilitam resultados mais palpáveis, como as terapias cognitivo-comportamentais. Além disso, o avanço inquestionável da dita "psiquiatria biológica", impulsionado pelas mudanças culturais em curso, dissemina a crença de que o tratamento do mal-estar contemporâneo passa necessariamente pela ingestão das "pílulas da felicidade", relegando as psicoterapias ao mero papel de coadjuvante.

É nessa encruzilhada que se situa hoje a psicanálise, questionada de todos os lados se está de fato à altura dos novos tempos, com o agravante de que as condições necessárias para que o tratamento psicanalítico de fato ocorra – demanda, desejo, tempo disponível, introspecção, investimento financeiro etc. – estão em franca oposição aos valores atuais, que se baseiam na cultura da individualidade, do espetáculo e do imperativo do gozo a qualquer preço.

A meu ver, a crítica ao potencial terapêutico da psicanálise é equivocada, pois não leva em conta a problematização que o próprio campo psicanalítico produziu sobre essa questão. É evidente que a produção teórica freudiana sobre as neuroses de transferência – histeria, neurose obsessiva e fobia –, bem como as sugestões técnicas que a acompanham, não são suficientes para o enfrentamento teórico e clínico do que se apresenta como demanda na atualidade. Entretanto, transpor essa evidência para a totalidade da psicanálise é uma operação que apenas pode ser feita se se desconsiderar o que foi produzido teoricamente sobre a demanda clínica nas últimas décadas.

No início de meu percurso profissional, percebi a insuficiência dos métodos tradicionais psicanalíticos para tratar elevado número de casos que se apresentavam na clínica, sensação que se repetia em diferentes lugares de tratamento – públicos, privados, instituições etc. – e com distintas clientelas – psicossomáticos, somatizadores, psicoses, toxicomanias, casos inclassificáveis, diferentes classes sociais etc. Elementos como divã, associação livre, atenção flutuante, transferência e interpretação conjugavam-se muito mais como exceção do que como regra, o que deu origem a uma inquietação subjetiva que tem como uma de suas consequências o presente livro.

Foi justamente a leitura de trabalhos sobre as "novas patologias" e "subjetividades contemporâneas", produzidos sobretudo nos últimos anos, que forneceu o primeiro esboço do mapa que me orientou nos caminhos da clínica contemporânea. A "síndrome do pânico", termo tão corriqueiro nas demandas clínicas de hoje, foi a ponte que me conduziu aos escritos freudianos sobre a neurose de angústia. Até então, as neuroses atuais, concebidas por Freud nos anos 1890, não me pareciam mais que meros resquícios de seu caminho em direção à construção das psiconeuroses de defesa. Estas, sim, reluziam como verdadeiras pérolas de seu percurso. Entretanto, a exatidão e a fineza das descrições apresentadas em seu artigo sobre a neurose de angústia (Freud, 1895c), descrições que permanecem válidas quanto à sintomatologia do que é chamado hoje de "síndrome do pânico", alertaram-me para o fato de que as neuroses atuais talvez contivessem mais do que normalmente se lhes atribuía e não representassem simples anacronismos na obra de Freud.

Ao avançar na leitura dos textos de Freud dos anos 1890, percebi que suas descrições sobre a neurastenia e a hipocondria – as duas outras neuroses atuais – também possuíam, do ponto de vista sintomático, impressionante semelhança com alguns dos sintomas que se apresentam com especial frequência na clínica contemporânea, muitas vezes ligados a denominações como "síndrome da fadiga crônica" e "somatização". Foram essas semelhanças entre os sintomas da atualidade e aqueles descritos por Freud em relação às neuroses atuais que serviram como ponto de partida para este trabalho, orientando-me na busca de confluências entre as neuroses atuais e as patologias da atualidade.

Para estabelecer tais confluências, no primeiro capítulo farei um esboço sobre a situação da clínica contemporânea, marcada pela proliferação, nas últimas décadas, de quadros que não se pautam mais pelo funcionamento neurótico tradicional sem, no entanto, pertencerem ao campo das psicoses. Mostrarei como as modalidades tradicionais de sofrimento neurótico, organizadas em torno do conflito psíquico entre o imperativo dos impulsos e as interdições morais, cederam lugar a configurações em que a problemática dos limites se tornou fundamental. Não à toa uma das definições que se utilizam em relação às novas patologias é justamente "estados limites", que aludem de forma direta à importância que a problemática dos limites adquiriu na clínica contemporânea, sobretudo na tradição francesa.

Como parte da mesma questão, abordarei também o limite que diz respeito ao registro das representações, de modo que poderei destacar uma característica que está presente em várias das patologias contemporâneas: a dificuldade na esfera da representação psíquica.

Explorar tal característica me permitirá salientar outro componente do mal-estar contemporâneo – o excesso –, situado na base de várias manifestações sintomáticas atuais. Com efeito, o excesso pulsional, na ausência ou precariedade da mediação possibilitada pelas formações simbólicas, dá origem a sintomas que se situam no registro do corpo e da ação.

Estabelecido esse recorte no primeiro capítulo, retrocederemos no tempo em direção às neuroses atuais, tematizadas por Freud nos anos 1890, quando iniciava a construção da nosografia psicanalítica. Percorreremos, então, no segundo capítulo, por meio de cartas, manuscritos e artigos escritos nesse período inicial, o caminho que o levou à construção dessas neuroses. Em seguida, mostrarei como, ao longo de seu percurso, Freud relativizou, aos poucos, suas ideias sobre as neuroses atuais, o que não ocorreu em relação a sua hipótese etiológica. Do início ao fim de sua obra, ele manteve a hipótese de que essas neuroses eram causadas por práticas sexuais inadequadas, que não permitiam a ligação psíquica da excitação sexual, mesmo após a construção da segunda teoria da angústia, em 1926.

Destacarei algumas características das neuroses atuais – excesso de excitação, ausência de elaboração e sintomas corporais – que permitirão sua articulação com as patologias da atualidade. Nesse sentido, o termo "atual", comum a ambas, será um operador fundamental, pois sua polissemia permitirá a abordagem do enlaçamento da dimensão temporal com a dimensão da ação que ocorre tanto nessas neuroses como nas patologias da atualidade.

As neuroses atuais, consideradas por Freud intratáveis pelo método psicanalítico, lhe interessaram tanto em seu percurso inicial, pois constituíam prova direta da origem sexual das neuroses, o que era fundamental nesse momento em que ele procurava estabelecer estreita articulação entre os quadros neuróticos e a sexualidade. Entretanto, constituíam também a primeira aproximação da dimensão quantitativa da pulsão, dimensão excluída do quadro teórico montado para explicar as psiconeuroses de defesa – histeria, neurose obsessiva e fobia. Foi essa exclusão que determinou o afastamento das neuroses atuais do interesse de Freud quando ele tomou o caminho que o levaria à construção teórica das neuroses de transferência.

No entanto, é o que mostrarei ainda no segundo capítulo, sua concepção de que as neuroses raramente ocorrem de maneira isolada, permitiu-lhe compreender que há uma relação de complementaridade – e não de oposição – entre as neuroses atuais e as psiconeuroses de defesa. Ambas se configuram, portanto, como modalidades distintas de absorção do impacto pulsional. É essa ideia que está no centro de meu trabalho e possibilitará que, no terceiro capítulo, eu consiga retomar as neuroses atuais à luz do conceito de narcisismo e da noção de excesso pulsional.

Assim, no terceiro capítulo, destacarei os elementos das neuroses atuais que permitem sua releitura a partir dos desdobramentos da teoria freudiana. A intuição de Freud de que "falta algo" nos fatores psíquicos será enriquecida com a noção de constituição narcísica, assim como sua ideia de "excitação sem tradução psíquica" será traduzida em termos de excesso pulsional e articulada aos conceitos de pulsão de morte e de compulsão à repetição.

Essa releitura me permitirá aproximar as neuroses atuais da figura da neurose traumática, que ressurge com força em "Além do princípio de prazer" (Freud, 1920), quando a dimensão quantitativa da pulsão retorna com toda sua radicalidade ao centro da reflexão freudiana. A meu ver, é como se Freud voltasse a se deparar com questões que foram deixadas em suspenso nos anos 1890, quando se indagava, de várias maneiras, como se dava a passagem das excitações corporais para o registro das representações psíquicas. A elaboração teórica relativa às psiconeuroses de defesa, mais tarde neuroses de transferência, excluiu esse tipo de indagação freudiana, pois construiu conceitos – como inconsciente e pulsão sexual – que de saída já estavam inseridos no campo das representações.

Assim, já que as patologias da atualidade podem ser pensadas como quadros de base traumática, poderei articulá-las às neuroses atuais tendo como operador teórico a última concepção freudiana do trauma – um estado de intensa excitação, que provoca desprazer e resiste à elaboração (Freud,

1933). O sujeito vive esse estado como um excesso que, se não for metabolizado pelos mecanismos psíquicos, será descarregado pela via corporal ou pela via do ato, dando origem aos sintomas corporais e às compulsões.

Esse será o caminho a seguir. Convido o leitor a percorrê-lo e, talvez, no fim desse percurso, dividido em três etapas, estejam mais claras as razões pelas quais acredito haver pontos de contato importantes entre as neuroses atuais de 1890 e as patologias da atualidade. Se aquelas foram fundamentais para Freud demarcar o território psicanalítico, estas devem nos instigar a ampliá-lo.

1
As patologias atuais

A expressão "patologias atuais" há muitos anos consolidou-se nos debates psicanalíticos, fato que seguramente reflete a mudança que se processou no registro da clínica nas últimas décadas. A mudança em questão diz respeito à demanda que hoje chega aos consultórios de psicanálise, composta muitas vezes por quadros que não se pautam mais pelos funcionamentos neuróticos tradicionais. O que se configurava como "cura-tipo" nos primórdios da psicanálise – tratamento segundo o método tradicional com base na transferência e na interpretação, na associação livre e na atenção flutuante –, hoje não parece mais ser tão frequente.

Evidentemente, o campo da analisabilidade – o que era considerado analisável pela psicanálise e o que não era – foi ampliado ao longo da história e da prática psicanalíticas. Freud, muito cedo em seu percurso, com a separação do campo das neuroses em neuroses atuais e psiconeuroses de defesa, já apontava para essa rigorosa demarcação. Enquanto as psiconeuroses de defesa podiam ser tratadas pelo método psicanalítico, já que seus sintomas eram fruto de conflitos sexuais situados no passado do paciente, acessíveis, portanto, à investigação psíquica, as neuroses atuais não ofereciam "à psicanálise qualquer ponto de ataque" (Freud, 1917a, p. 453), pois seus sintomas estavam relacionados estritamente à vida sexual daquele momento do paciente, não havendo, então, o que ser investigado no passado. Obviamente, como mostrarei adiante, Freud passou mais tarde a abordar essa questão de maneira bem mais complexa, abrindo espaço para novas considerações a respeito.

Apesar da reserva de Freud quanto às indicações de análise em determinadas situações, a ampliação do campo do analisável não parou de crescer após o término de seu percurso. No fim dos anos 1940 e início dos anos 1950, a análise de crianças e psicóticos, por exemplo, passou a ser uma prática legítima da psicanálise, assim como a análise de pacientes psicossomáticos nos anos 1960. Nas últimas décadas, a partir dos anos 1970, assistimos à proliferação de estudos e publicações referentes aos quadros identificados como *borderline* e estados limites, capítulo atual desse processo de expansão da teoria e da clínica psicanalíticas. Isso mostra ter havido, com relação às indicações clínicas, inegável processo de abertura na psicanálise, oriundo de inovações teóricas de distintas tradições (Birman, 2002).

Além dos termos *borderline* e estados limites, percebemos indubitavelmente hoje o incremento de expressões que evidenciam algo novo no ar, como "novas patologias" e "novos sintomas", ou de expressões que indicam que no mínimo haveria certa especificidade no sofrimento psíquico contemporâneo, tais como "subjetividades contemporâneas" e "mal-estar da atualidade". Entre essas, a expressão "patologias atuais" ou "patologias da atualidade" me parece revestir-se de particular importância, sobre a qual falarei mais à frente.

Borderlines e estados limites

Como já salientei, atualmente há aumento considerável do número de casos de patologias graves e de quadros identificados como estados limites, questionando e desafiando a teoria e a técnica psicanalíticas pela configuração psíquica singular que apresentam. A produção teórica sobre o tema é considerável, tornando difícil extrair um consenso dos muitos autores que o estudam, a não ser no interior de uma mesma tradição teórica.

Em elucidativo trabalho, Figueiredo (2008) mostra como, originalmente, a utilização do termo *limite* ou *fronteira* resultou da falta de lugar nosográfico próprio para determinados pacientes que não se enquadravam na tradicional classificação das estruturas – neurose, psicose e perversão. Esses pacientes davam a impressão de pertencer a uma região fronteiriça entre as três, combinando traços de todas, mas com elementos refratários a qualquer inclusão fácil ou consensual. A ideia de margem, borda ou limite referia-se justamente, nesse contexto, a esse espaço fronteiriço que parecia conter, paradoxalmente, aqueles pacientes que não se enquadravam em nenhuma estrutura regular. E foi precisamente relacionado a essa conjuntura que o conceito de *borderline* veio à luz no trabalho de Adolf Stern nos anos 1930, ainda que esse autor colocasse os limítrofes como um grupo com características específicas dentro da categoria maior da neurose.

O artigo de Stern (1938), "Investigação psicanalítica e terapia do grupo de neuroses limítrofes", é extremamente interessante, pois revela, sem deixar margem para dúvidas, que aquilo que alguns chamam hoje de "novas patologias" ou "novos sintomas" já causava inquietação entre os psicanalistas dos anos 1930. Historicamente, esse trabalho foi o primeiro em que apareceu o termo *borderline*, e foi utilizado para definir pacientes limítrofes que, de acordo com a sintomatologia que apresentavam, não podiam ser classificados nem no grupo das psicoses nem no grupo das psiconeuroses, impossibilidade que originou um grupo limítrofe – no limite da neurose.

O aumento expressivo do número desses pacientes que buscavam tratamento naquela época foi o que motivou Stern a elaborar esse trabalho instigante e inegavelmente atual, que apresenta duas ideias ainda hoje fundamentais para a compreensão dos quadros *borderline*: a impossibilidade de classificá-los entre as psiconeuroses e as psicoses, como dissemos anteriormente, e a dificuldade de tratá-los pelos métodos habituais da psicanálise.

Na rica descrição que ele faz da sintomatologia das neuroses limítrofes, é possível perceber sintomas e condições subjetivas muito próximas daquelas descritas com relação às patologias contemporâneas: fragilidade narcísica; hipersensibilidade e rigidez psíquicas; angústia relacionada ao corpo, "com raízes penetrando em períodos além da memória" (Stern, 1938, p. 167) e sem representação psíquica; dificuldades em testar a realidade; funcionamento psíquico segundo a fórmula "tudo ou nada" (p. 167); tendência à agressividade e à impulsividade etc. Enfim, não seria exagero afirmar que as teses sustentadas por Stern nesse artigo de 1938 inauguraram uma polêmica que permanece atuante no campo psicanalítico, como mostram as discussões em torno das patologias contemporâneas.

Todavia, Stern não foi o único dotado de sensibilidade clínica para perceber que as classificações nosográficas tradicionais não explicavam inteiramente determinadas manifestações sintomáticas que pareciam se intensificar naquela época. Poucos anos depois da publicação do trabalho sobre as neuroses limítrofes, Hélène Deutsch (1943) escreveu "Algunas formas de trastorno emocional y su relación con la esquizofrenia", trabalho que consagrou uma expressão que se tornou clássica entre aqueles que estudam as patologias contemporâneas: as "personalidades 'como se'".

Percebendo a incidência na clínica de um grande número de pacientes cuja característica fundamental era a falta de autenticidade nas relações com os outros e consigo mesmos, essa autora cunhou a expressão personalidades "como se" para denominá-los. Eram indivíduos que aparentavam ser psiconeuróticos – "como se" fossem psiconeuróticos – mas que apresentavam em seu comportamento e no relacionamento com o mundo ao redor uma espécie de falta de autenticidade, que parecia ser reflexo de empobrecimento emocional. Assim, a característica essencial das personalidades "como se", apesar de externamente estas aparentarem capacidade emocional sensível e completa, era a dificuldade extrema de investir nos objetos, bem como manter esse investimento.

Deutsch (1943) os descreve como indivíduos desprovidos de afeto, sendo o mecanismo da identificação o modo fundamental pelo qual se relacionam com os outros. Mas trata-se aqui de uma identificação mimética, imitativa e adesiva, diferente daquela pela qual a personalidade normalmente se estrutura. Em função da presença intensa desses mecanismos identificatórios, esses sujeitos também apresentam uma atitude bastante passiva em relação ao meio, com grande habilidade para perceber os sinais do mundo exterior e adaptar-se a eles, mas sem de fato estabelecer relações autênticas. Com isso, a sugestionabilidade acaba sendo outra marca desses quadros, mas de tipo diferente da sugestionabilidade histérica, em que o investimento objetal está presente.

Apesar de não propor, como o faz Stern, a presença de fragilidade narcísica nesses quadros, Deutsch considera, baseando-se na análise desses pacientes, que eles apresentam importantes dificuldades no desenvolvimento de sua vida emocional e na formação de seu caráter, bem como a ausência das condições necessárias para a criação de uma constelação edípica minimamente estruturante. Assim, se por essas características esses quadros não se confundiam com as neuroses clássicas, tampouco eram suficientes para classificá-los no grupo das psicoses, apesar da fragilidade de seus vínculos objetais.

Como vemos nessas breves descrições das neuroses limítrofes e das personalidades "como se", não escapou à fina sensibilidade clínica de Stern nem à de Deutsch a ocorrência de estruturações subjetivas e sintomas que não se enquadravam nos quadros clássicos até então estabelecidos pela psicanálise.

Voltando a Figueiredo (2008), esse autor sublinha que, após a descrição de Stern das "neuroses limítrofes" – acrescento por minha conta o trabalho de Deutsch –, as descrições teóricas de patologias que não se enquadravam na tríade clássica – neurose, psicose e perversão – aumentaram consideravelmente. Para ilustrar sua afirmação, ele cita a noção de Winnicott de "falso self" (1960); os trabalhos de Giovachinni sobre o "blank-self" (si-mesmo branco ou vazio) (1975); o conceito de "personalidade narcísica" de Kohut (1968); os trabalhos de Fairbairn (1952), Khan (1960) e Rey (1979) sobre a "personalidade esquizoide" e o conceito de "falha básica" de Balint (1968), autores que contribuíram consideravelmente para o avanço no entendimento da complexidade desses casos. Diante dessa diversidade de propostas teóricas, adverte Figueiredo (2008), a questão espinhosa que se impõe é como discriminar, articular, excluir ou incluir essas categorias em um mesmo conjunto, sem perder de vista as diferenças que as constituem e as teorias que as fundamentam. Porém, já adianta que, em sua opinião, não seria possível assimilar uma categoria às outras sem reduzir a complexidade que as constitui.

De minha parte, entendo que esses autores descrevem diferentes faces da mesma problemática, não redutíveis umas às outras, pois são justamente descrições oriundas de perspectivas e tradições distintas. Não obstante a complexidade desse campo, é possível afirmar que existem atualmente duas grandes orientações em relação à abordagem dessas configurações subjetivas que não se enquadram nas estruturas clássicas.

De um lado, a orientação anglo-saxônica, que concebe os quadros *borderline* como uma estrutura clínica específica e relativamente estável, com etiologia e sintomatologia próprias, situadas justamente na fronteira entre a neurose e a psicose. É o caso de Kernberg (1976), que utiliza o termo *borderline* para designar uma estrutura absolutamente singular da personalidade, inconfundível, e situada entre a neurose e a psicose, com sintomas de ambas.

Do outro lado, há a orientação dominante entre os autores franceses, que não correlacionam esses quadros a nenhuma estrutura específica, pois acreditam que apresentam características que podem ser encontradas em várias outras configurações. Justamente por isso, esses autores utilizam os termos *estados limites* e *situações limites*, que põem em evidência o possível caráter transitório desses quadros. André (1999), por exemplo, chama atenção para o fato de que um estado limite não significa em absoluto um funcionamento fixo, estrutural e imutável, mas algo que pode estar presente em certos momentos da vida de qualquer sujeito, sem que isso signifique que vai perdurar. Portanto, nessa tradição, o estado limite diz respeito a uma dimensão da vida psíquica que pode ser encontrada em patologias diversas, embora mais marcantes em determinados sujeitos (Widlöcher, 1981).

O fundamental nessa discussão, que já estava presente nos trabalhos de Stern (1938) e Deutsch (1943) e que perpassa também as tradições anglo-saxônica e francesa, é que há grande número de configurações subjetivas que não estão organizadas em torno das balizas neuróticas, e nem por isso estão do lado das psicoses ou das perversões. O que assistimos hoje é ao aumento vertiginoso desses quadros que, organizados por outros parâmetros que não os neuróticos, não cessam de desafiar a teoria e a prática psicanalíticas.

A precariedade dos limites

Mostrei como Stern lançou mão da noção de limite, ainda na década de 1930, para criar a categoria das "neuroses limítrofes", inovação que o ajudou a compreender teoricamente o que se apresentava então no registro clínico. Salientei também como a produção anglo-saxônica da década de 1960 dedicou especial interesse aos quadros denominados *borderline*, mas é na tradição francesa que a discussão sobre os limites psíquicos é levada a outro patamar, quando o limite *em si* é transformado em conceito metapsicológico indispensável à compreensão clínica das patologias contemporâneas. Vejamos, então, como a noção de limite vem a ser um operador teórico e clínico fundamental que lança luz sobre a polêmica das "novas patologias".

Com efeito, apesar de a temática dos limites já se fazer presente na obra de André Green desde a década de 1960, como atestam alguns textos incluídos mais tarde na coletânea *Narcisismo de vida, narcisismo de morte* (1988), foi sobretudo a partir dos anos 1970 que a questão foi devidamente formulada, resultando na publicação de *La folie privée* (1990a), trabalho no qual a noção de limite se consolida de fato como conceito psicanalítico (Garcia, 2010).

Dividido em onze textos que versam fundamentalmente sobre os estados limites, *A loucura privada* é um trabalho no qual Green chama a atenção para o fato de que a constituição dos limites do aparelho psíquico, tanto internos como externos, é fundamental para a própria constituição subjetiva. Essa problemática, portanto, não diz respeito apenas ao domínio da psicopatologia, mas está relacionada à própria constituição do psiquismo, ou seja, à delimitação das fronteiras intrapsíquicas e intersubjetivas e ao estabelecimento das relações entre o mundo interno e a realidade externa.

Exatamente por dizer respeito à constituição subjetiva, a precariedade do estabelecimento das diversas fronteiras psíquicas – entre o corpo e o psiquismo, o dentro e o fora, o inconsciente e o consciente, o eu e o outro – está relacionada de forma direta com as configurações subjetivas denominadas estados limites. É o que Green mostra nas *Conferências brasileiras* (1990b) quando coloca o conceito de limite em perspectiva com a metapsicologia:

> A meu ver, nos *casos-limites*, não se trata simplesmente dos problemas dos limites do ego, mas também da desorganização dos limites no interior do aparelho psíquico, isto é, da importância de mecanismos que acarretam tanto esclerose e rigidez entre as diferentes partes do aparelho psíquico e não apenas

na relação do ego com o objeto como, também, da permeabilidade excessiva entre o ego, o id e o superego, o que leva a conceber o limite como um conceito suscetível de nos ajudar na compreensão da psicopatologia dos *casos-limites* (p. 13).

Então, não se trata de conceber o limite, como na tradição anglo-saxônica, simplesmente como uma noção relacionada ao lugar de diagnóstico que os quadros *borderline* ocupam na nosografia, entre a neurose e a psicose, mas de concebê-lo à luz da metapsicologia, de retomar a metapsicologia levando-o em consideração. Esse procedimento, além de ajudar na compreensão da psicopatologia dos estados limites, evidencia como a noção de limite, apesar de não tematizada por Freud, está presente em vários momentos cruciais de sua obra.

É o que mostram de maneira bastante esclarecedora Villa e Cardoso (2004) em trabalho intitulado "A questão das fronteiras nos estados limites". Já no "Projeto para uma psicologia científica" (Freud, 1895a), apesar de não se referir diretamente à ideia de limite, Freud trabalha com essa dimensão ao criar as noções de barreira de contato e de facilitação. Além disso, ao falar dos diferentes sistemas de neurônios com qualidades e funções diferentes, ele constrói uma teoria do aparelho psíquico na qual este é dividido em diferentes partes, cada uma com funções específicas. Assim, a dimensão do limite está presente no texto supracitado sempre que Freud se refere aos diferentes grupos de neurônios e, principalmente, quando teoriza que o aparelho neuronal se diferencia a partir da fronteira com o mundo exterior, protegendo-se dos estímulos oriundos dessa fonte.

Também na primeira tópica a noção de limite é esboçada, pois a ideia de um aparelho psíquico dividido em sistemas é incrementada com a criação das instâncias consciente, pré-consciente e inconsciente, que têm suas fronteiras demarcadas pelos limites que as constituem. A segunda tópica levará ainda mais longe a ideia de múltiplos e complexos limites internos com a criação das três instâncias psíquicas – isso, eu e supereu. As autoras lembram ainda que o conceito de pulsão traz na sua própria definição – conceito situado na fronteira entre o mental e o somático – a dimensão do limite, implicando, então, mais um espaço fronteiriço entre o corpo e o psíquico.

Villa & Cardoso (2004) salientam ainda que não se trata de supor, nas patologias atuais, "a presença de uma suposta fragilidade nessas fronteiras, o que significaria reduzi-las a simples linhas divisórias" (p. 67). Consideram mais adequado pensar que "uma das principais marcas desses casos é a presença no sujeito de uma dificuldade na capacidade de transitar entre os diversos *espaços fronteiriços* que compõem seu universo psíquico" (p. 67), o que se coaduna com a ideia de que nas patologias atuais há considerável estreitamento nos espaços de elaboração psíquica e de trânsito entre o eu e o outro.

É também a hipótese que Green (1990b) elabora para avançar no entendimento dos estados limites. Ele salienta que "devemos entender que o limite não é uma fronteira, é um território – território de trocas, território onde se produzem transformações..." (p. 169). São os diferentes territórios entre a soma, o inconsciente, o consciente e a realidade que funcionam como zonas de transição e elaboração dos diferentes conteúdos psíquicos, permitindo que o trabalho de elaboração psíquica das excitações ocorra.

No terceiro capítulo deste livro, ao me deter na noção de elaboração psíquica, abordarei com mais vagar esse modelo construído por Green composto por quatro territórios. Por ora, basta salientar que a constituição dos limites do aparelho psíquico é fundamental para que se dê o trabalho de elaboração das excitações, meio pelo qual o psiquismo pode dar um destino diferente ao excesso que não a descarga incontrolável.

É importante entender ainda que a precariedade das fronteiras internas resulta, evidentemente, na precariedade das fronteiras externas – uma confusão entre múltiplas fronteiras. Essa estruturação psíquica instável, que desenvolverei mais adiante, tem na passagem ao ato um dos mecanismos preferenciais para descarregar as excitações não elaboradas.

É como se fronteiras muito rígidas – como em algumas neuroses muito graves – dificultassem a circulação das excitações e das representações entre as diferentes instâncias psíquicas, de modo que o trabalho de elaboração, mesmo parcial, só ocorre com enorme dispêndio de energia. Por outro lado, fronteiras muito frágeis e porosas não ofereceriam a resistência necessária para a filtragem de determinados elementos, e com isso a própria constituição diferencial das instâncias ficaria prejudicada. De um modo ou de outro, o que se impõe ao psiquismo seria a precariedade dos processos de elaboração psíquica, expondo o aparelho ao impacto contínuo, sem mediação, da força pulsional.

Neuroses, não neuroses e antineuroses

Antes de avançar essa reflexão sobre as patologias atuais, convém indagar o que seriam exatamente subjetividades organizadas em torno de um funcionamento neurótico, já que habitualmente é essa a configuração contraposta às patologias da atualidade.

De modo bastante esquemático, seriam aquelas subjetividades que têm um psiquismo cujos limites internos e externos estão constituídos de forma satisfatória, e no qual as intensidades pulsionais estão ligadas a um campo de representações e a objetos de satisfação. Na subjetividade neurótica, a adequada delimitação entre as diferentes instâncias psíquicas permite a passagem dos conteúdos psíquicos de uma instância a outra, bem como a diferenciação entre o mundo interno e o externo e entre o eu e o outro. O recalque, como operação de defesa básica da neurose, possibilita a ligação das forças pulsionais com as representações e o advento da simbolização como operação constituinte do psiquismo, de modo que o Édipo é simbolizado e, quando elaborado, pode instituir a inscrição da diferença sexual e geracional.

E essa organização psíquica que cede lugar na atualidade a realidades clínicas distintas, marcadas por configurações narcísicas frágeis e experiências traumáticas severas, nas quais as balizas neuróticas que servem de suporte à subjetividade se encontram precariamente construídas. É nesse contexto que a proposição de Green (2002) de dividir o campo psicopatológico contemporâneo em *neuroses* e *não neuroses* é bastante elucidativa. Decorrente de uma longa reflexão teórica que dialoga com diferentes tradições, sua proposta de separar as neuroses de transferência, cada vez mais raras como formas puras, das configurações não neuróticas pode não apenas auxiliar na organização do campo nosológico do ponto de vista metapsicológico, como também oferecer instrumentos técnicos para o enfrentamento clínico desses quadros.

Há muito tempo esse autor utilizava o termo "estados limites" para se referir às configurações subjetivas que não se pautam pelo funcionamento neurótico, mas em seus últimos trabalhos Green (2002) tem utilizado a denominação "estruturas não neuróticas". Sob essa denominação, há várias configurações psíquicas que têm como elemento comum graves falhas na constituição narcísica e que englobam além dos estados limites as psicoses brancas, as patologias do vazio e do ato, os distúrbios narcísico-identitários, as toxicomanias, os distúrbios alimentares, as somatizações, etc.

Assim, as estruturas não neuróticas são concebidas como configurações subjetivas relativamente autônomas e estáveis, cuja característica principal é o prejuízo na delimitação dos limites psíquicos, o que interfere na capacidade representacional e de simbolização do aparelho psíquico. Isso tudo afeta de forma drástica as possibilidades de investimento afetivo, já que a distinção entre o sujeito e o outro está apenas fragilmente estabelecida.

Essas configurações subjetivas também apresentam de forma maciça o que Green (2010) chama em outro trabalho de "saídas extrarrepresentativas" – "passagem ao ato, conduta perversa, toxicomania, baque depressivo, momento delirante, crise psicossomática etc." (p. 298) –, que não permitem, ou permitem pouco, o ingresso das representações nesse circuito.

Como se vê, as estruturas não neuróticas formam um grupo extenso, mas representam uma importante tentativa de aglutinar diferentes manifestações clínicas que não se pautam pelos parâmetros de funcionamento neurótico. Para Green, o pensamento freudiano apresenta clara insuficiência em relação à metapsicologia e à clínica desses quadros, e mesmo as teorizações depois de Freud não foram capazes de produzir unanimidade nesse campo. Sua proposta de uma "metapsicologia dos limites" é um esforço para construir uma teoria a partir dos desafios impostos pelas patologias contemporâneas.

Esse modelo dualista proposto por Green – estruturas neuróticas e não neuróticas – merece pelo menos uma ressalva. E quem a formula com muita propriedade é Minerbo (2009), justamente em seu livro intitulado *Neurose e não neurose*, que tem nessa distinção o eixo organizador sobre o qual giram seus capítulos. Segundo a autora, tal classificação pode conduzir facilmente a uma espécie de ditadura do "neuroticocentrismo", que postularia a neurose como norma dominante e as demais formas de subjetividade como desvio, como se o funcionamento psíquico pautado pelos parâmetros neuróticos fosse um ideal a que os demais devessem aspirar. Mas ela ressalta que quando se trabalha com a noção de "formas de subjetividades", com diferentes possibilidades de subjetivação, o que se recusa é precisamente estabelecer uma hierarquia entre elas:

> Falar em termos de neurose e não neurose pode sugerir que tomo a neurose como paradigma, inclusive da normalidade – os normoneuróticos. A não neurose seria a forma de subjetividade na qual não encontramos os elementos que caracterizam a neurose: algo falhou, algo não está presente. [...] Essa ideia não faz sentido para o psicanalista: cada cultura determina formas de subjetividade prevalentes e também as formas de sofrer que lhe são consubstanciais (p. 28).

Nesse sentido, a oposição entre neurose e não neurose é revestida de uma dimensão hierárquica e valorativa simplesmente porque as neuroses foram as primeiras configurações psíquicas estudadas e compreendidas em termos metapsicológicos, possibilitando também que fossem as primeiras a ser tratadas pelo método psicanalítico que ajudaram a construir. Quando, mais tarde, as configurações não neuróticas começaram a ser investigadas, foram contrapostas naturalmente ao que já se conhecia. É somente por esse viés, enfatiza Minerbo (2009), que a neurose é paradigmática.

Não tomar a organização neurótica como norma não é menosprezar o valor do recalque, do Édipo ou das representações como balizas poderosas em torno das quais os processos subjetivos podem se dar. Pelo contrário, é reconhecer que estes oferecem meios bastante estáveis e seguros de constituição subjetiva. Só não podem ser concebidos como os únicos modos de subjetivação. É o que mostram justamente as patologias contemporâneas, não neuroses com outros modos de funcionamento psíquico.

Outra proposição que enriquece o debate sobre as patologias atuais, alocando-as também como uma espécie de contraponto às neuroses clássicas, é aquela feita por Cardoso (2011) a respeito de um hipotético estado "antineurótico". Estudando as neuroses traumáticas, a autora percebeu que, se a compulsão à repetição se apresenta como destino possível do traumático, mantém por outro lado o sujeito fixado no registro do atual, "em um presente que não se faz passado" (p. 79). Nesse eterno presente, o sujeito é submergido em uma história não historicizada, que não é sinônimo de ausência de história, mas dificulta a interiorização de elementos que poderiam dotá-la de sentido.

É nesse contexto que ocorre a "constituição de um 'corpo estranho' rebelde, que se contrapõe àquele 'corpo estranho' que seria próprio da neurose propriamente dita, neurose de transferência" (p. 78). A impossibilidade de traduzir esse corpo estranho rebelde resulta na constituição de "enclaves" no espaço psíquico, constituídos por mensagens irredutíveis que dificilmente conduzem a outros sentidos, mensagens que se esgotam em si mesmas.

É esse "fracasso em traduzir" – em oposição ao "fracasso da tradução" que ocorre no recalcamento neurótico – que serve de base para a autora formular sua hipótese de um estado antineurótico. Seria esse um estado no qual as marcas da história tendem a se apagar e no qual o que não é traduzido tende a se repetir como imperativo? Assim, esse estado não poderia ser pensado na verdade como uma antineurose?

Talvez as proposições dessa autora sobre os estados traumáticos possam ser estendidas às patologias atuais a que tenho insistentemente me referido ao longo deste trabalho, o que possibilitaria pensá-las também como antineuroses, como referidas a uma dimensão histórica diferente daquela característica das neuroses.

O limite das representações

Concebidos como não neuroses ou como antineuroses, os quadros marcados por dificuldades na esfera das representações psíquicas, independentemente da maneira como tais dificuldades são concebidas, acabam ocupando posição de contraponto em relação às configurações neuróticas bem estabelecidas, em que a capacidade de simbolização do aparelho psíquico está construída e preservada. A existência de configurações psíquicas que diferem dos quadros clássicos de modo algum é novidade no campo psicanalítico, como mostramos anteriormente a partir dos trabalhos de Stern (1938) e Deutsch (1943). A novidade, portanto, parece ser a frequência e a intensidade desses quadros que se manifestam de inúmeras maneiras, como toxicomanias, patologias alimentares (anorexia e bulimia), somatizações, estados limites etc.

Julia Kristeva (2002), em seu livro *As novas doenças da alma*, lança a provocante pergunta de "quem, hoje em dia, ainda tem alma?" (p. 13). Inspirada na noção de "aparelho anímico" (*Seelische apparat*) ou de "atividade da alma" (*Seelenleben*) de que fala Freud em "Além do princípio de prazer" (1920), a autora equipara o aparelho psíquico à alma na formulação de sua questão. Mas em que contexto o faz e que provocação parece se esconder por trás de sua pergunta? Vejamos seus argumentos.

A autora afirma inicialmente que, para entendermos o mal-estar contemporâneo, devemos conceber o aparelho psíquico como uma construção que, apesar de irredutível ao corpo, está submetida às influências biológicas. Se está fundamentado na biologia pela pulsão, esse aparelho depende também de lógicas autônomas – relativas ao campo representacional – que não se reduzem ao corpo biológico, o que lhe torna possível produzir sintomas tanto psíquicos como somáticos, sem que um registro possa ser reduzido ao outro. Esse modelo de dupla inscrição funciona a partir de "séries de representações" psíquicas, irredutíveis aos substratos biológicos, mas fundamentais à constituição de uma vida psíquica que permita o acesso ao próprio corpo e aos demais sujeitos:

> Você está vivo se – e somente se – tiver uma *vida psíquica*. Intolerável, dolorosa, mortífera ou jubilatória, esta vida psíquica – que combina sistemas de representações transversais à linguagem – lhe dá acesso ao corpo e aos outros. Por meio da alma você é capaz de ações. Sua vida psíquica é um discurso em ato, nocivo ou salvador, cujo sujeito é você (Kristeva, 2002, p. 12).

A vida psíquica, portanto, está inserida em uma trama de sentido que se instala antes mesmo da significação linguística e é permeada pela palavra erotizada. É apenas nesse contexto que se pode falar em "alma", ou em "vida psíquica", a partir de um sistema de representações que insere o sujeito em um mundo habitado por outros sujeitos.

É essa concepção de aparelho psíquico ou aparelho anímico que Kristeva (2002) afirma estar em perigo na atualidade, já que "a experiência cotidiana parece demonstrar uma espetacular redução da vida interior" (p. 13), uma drástica redução da atividade psíquica. Em outras palavras, uma diminuição justamente da atividade do aparelho que registra as representações e seus valores simbólicos para o sujeito, de modo que "as novas doenças da alma são dificuldades ou incapacidades de representação psíquica que chegam até a matar o espaço psíquico" (p. 16).

A dificuldade ou incapacidade de representar seria, então, o denominador comum que une as diferentes configurações psíquicas que estão por trás das novas sintomatologias. "Essa carência da representação psíquica entrava a vida sensorial, sexual, intelectual e pode prejudicar o próprio funcionamento biológico" (p. 15-16), seja por uma espécie de mutismo psíquico que se impõe aos sujeitos, seja pela vivência de estados sentidos como vazios ou artificiais.

A precariedade das representações tem ainda a consequência de que a linguagem, na condição de instância fundamental de organização do psiquismo, seja sentida pelos sujeitos como artificial, vazia ou até robotizada, mesmo quando construída segundo as normas da gramática culta, da lógica e da inserção social. A aparente competência simbólica disfarça um discurso mecânico sem qualquer influência sobre os afetos e as pulsões. Nesse contexto, quando a simbolização não assume papel protetor contra os acessos pulsionais, o caminho às somatizações permanece aberto, pois não foi bloqueado pela potência da linguagem, que deveria cumprir sua função de ligação entre as pulsões e seus representantes psíquicos. Se tal ligação não ocorre a contento, devido à não erotização da palavra, é o corpo que fica "a descoberto, exposto às somatizações" (p. 21).

Evidentemente, as proposições de Kristeva (2002) correm o risco de ser lidas como defesa incontestável da supremacia das representações, assim como as ideias de Green (2002) sobre as estruturas neuróticas e não neuróticas podem ser interpretadas como a instituição de uma espécie de ditadura do paradigma neurótico. No entanto, é difícil negar, sobretudo quando nos situamos no registro da clínica cotidiana, que muitas das patologias atuais apresentam de fato um curto-circuito no processo de elaboração psíquica, com consequências diretas sobre o psiquismo e seus mecanismos de defesa, e que essa paralisia está diretamente relacionada ao modo como as representações circulam nessas configurações psíquicas, mesmo quando são fenômenos passageiros.

Mostrarei no terceiro capítulo como o processamento das excitações – o trabalho de elaboração psíquica – é fundamental para que ocorra a ligação do registro pulsional com o registro psíquico. Mostrarei também como há vários níveis de ligação psíquica que perpassam as diferentes instâncias do aparelho psíquico, e qual é exatamente a importância das representações nesse processo. Então, feitas essas ressalvas, alinho-me às proposições de Kristeva de que as patologias atuais podem apresentar de fato tal grau de precariedade no registro das representações psíquicas que a própria vida psíquica é colocada em perigo.

O excesso que transborda

Se as dificuldades no campo da representação psíquica podem ser a marca fundamental das patologias contemporâneas, quais são afinal as consequências disso na organização psíquica dos sujeitos?

Como as representações são a maneira pela qual a pulsão se faz presente no psiquismo, além de servir à captura e à elaboração das excitações, a precariedade do registro representacional o expõe ao impacto contínuo da força pulsional, sem elementos de mediação. É o que está implícito na ideia de pulsão como força constante, da qual a fuga não é possível, e que exige trabalho contínuo para ser ligada.

A afirmação de Birman (2006) de que o excesso está no fundamento do mal-estar contemporâneo fornece uma pista valiosa para o entendimento dessa questão. Segundo esse autor, em contraste com as tradicionais modalidades de sofrimento organizadas em torno de um conflito psíquico entre o imperativo dos impulsos e as interdições morais, as "subjetividades contemporâneas" têm o excesso pulsional como marca distintiva, que se expressa atualmente de modo privilegiado nos registros do corpo, da ação e do sentimento.

Assim, a alta incidência dos quadros psicossomáticos, da síndrome da fadiga crônica e da síndrome do pânico é citada pelo autor para evidenciar como o corpo passou a ser o registro mais eminente em que se enuncia o mal-estar contemporâneo. Seja pelos sintomas corporais dos quadros psicossomáticos, pelo cansaço absoluto da fadiga crônica ou pela angústia paralisante das situações de pânico, o que esses sintomas colocam em destaque é o excesso pulsional que transborda pelo corpo em razão da ausência da intermediação das formas psíquicas de simbolização.

Da mesma maneira, as perturbações que incidem no registro da ação mostram a outra via pela qual o mal-estar se expressa, pois se o corpo não serve como via de escoamento da tensão, o ato é outra via possível. É por isso, entre outras razões, que os quadros marcados pela hiperatividade, sobretudo entre as crianças, e pela impulsividade são tão comuns hoje em dia, assim como as compulsões em suas diversas e inauditas formas. Estas, marcadas pela compulsão à repetição, revelam a precariedade dos mecanismos de simbolização diante da repetição que se impõe ao sujeito.

O registro do sentimento é a terceira modalidade pela qual se expressa o mal-estar contemporâneo, e o excesso aparece aqui como a irrupção de algo que escapa à regulação do psiquismo, impondo-se seja como exaltação maníaca, seja como depreciação depressiva. Não à toa, as depressões são um dos maiores males da atualidade, mas não aquelas caracterizadas pelas ruminações da culpa, e sim as marcadas inapelavelmente pelo sentimento de vazio. Não obstante as depressões de hoje conservarem algumas características daquelas apresentadas no passado, outras são inequivocamente novas.

Nesse sentido, a culpa era um dos traços maiores que se destacavam no quadro clínico conhecido como melancolia e que aparecia sob a forma de autoacusações bastante pesadas que o melancólico desferia contra si mesmo, em um processo marcado pela crueldade, como tematizou Freud (1917c) em "Luto e melancolia". No entanto, nos quadros depressivos atuais a tônica não cai sobre a culpa e sim sobre o vazio, de modo que as pessoas se queixam da perda da vitalidade e do interesse no mundo, como se este tivesse perdido o sentido. A impotência e a apatia são consequências desse processo.

Na continuação de seu trabalho, Birman (2006) chama a atenção para a exclusão do registro do pensamento como local de incidência do sofrimento contemporâneo, o que conduz a uma espécie de anulação desse registro nobre do psiquismo. Enfim, o que o autor sublinha de forma incisiva em relação às subjetividades contemporâneas é a presença insistente do excesso pulsional como fundamento de suas manifestações sintomáticas. Diante da precariedade das formações simbólicas constituintes do aparelho psíquico, este tem diminuída consideravelmente sua capacidade de efetuar o trabalho de ligação das intensidades pulsionais com o campo representacional.

Sem a mediação exercida pelas formas psíquicas de simbolização, o aparelho psíquico é inundado pela força pulsional que o paralisa e lhe dificulta exercer o papel de espaço intermediário entre o corpo e o mundo. Se a força das pulsões não é elaborada, ela é descarregada internamente pela via corporal ou externamente pela via do ato.

É precisamente a essas duas alternativas que Green (1974) se refere quando escreve sobre dois mecanismos que ele denomina "mecanismos de curto-circuito psíquico". O autor lembra que em meados da década de 1970 o campo psicanalítico, refletindo as características dos sujeitos que procuravam tratamento, oscilava entre duas polaridades fundamentais: de um lado, estavam aqueles casos cujo funcionamento psíquico apresentava graves falhas na capacidade de estabelecer relações objetais, apesar de aparentarem um funcionamento neurótico comum – descritos soberbamente por McDougall (1983) como os "anti-analisandos" –; do outro lado, estavam os casos que tinham como característica comum a tendência para a regressão fusional e a dependência do objeto. O que McDougall descreveu como os "anti-analisandos" se assemelha muito às descrições de Deutsch (1943) sobre as personalidades "como se", já que ambas destacam em suas descrições clínicas a dificuldade que tais pacientes apresentam para estabelecer e manter relações objetais. McDougall, a meu ver, vai um pouco além, pois salienta ainda como essa característica dificulta o processo de ligação psíquica, o que não foi abordado diretamente por Deutsch.

Entre esses dois extremos – relações objetais quase ausentes ou intensas demais –, Green (1974) identificou a existência de vários mecanismos de defesa que podiam ser agrupados em quatro grupos principais: exclusão somática, expulsão pelo ato, clivagem e desinvestimento. Os dois primeiros são os mecanismos de curto-circuito psíquico, enquanto os dois últimos são mecanismos psíquicos de base. É o curto-circuito psíquico que me interessa salientar aqui.

A "exclusão somática" é um mecanismo de defesa que opera pela somatização. O conflito é dissociado da esfera psíquica e excluído diretamente no organismo – e não no corpo libidinal – por desintrincação entre a psique e o corpo. "Seu resultado é [a] transformação da energia libidinal em energia neutralizada [...], puramente somática, que pode às vezes colocar em perigo a vida do sujeito" (Green, 1974, p. 233). A exclusão somática, nesse sentido, configura-se exatamente como o oposto da conversão, pois nesta a exclusão se dá no corpo libidinal, ligada ainda às representações simbólicas que lhe conferem sentido. Enquanto a conversão supõe o mecanismo do recalque, pois se estrutura como sintoma neurótico que se expressa no corpo libidinal, como retorno do recalcado recoberto pelo sentido, a exclusão somática é um mecanismo de *acting out* dirigido ao corpo não libidinal – *acting in* –, que deixa pouco espaço para o trabalho de elaboração simbólica.

O segundo mecanismo de curto-circuito psíquico descrito por Green (1974) é a "expulsão pelo ato". Este é a contrapartida externa da exclusão somática e tem o objetivo igualmente defensivo de expulsar da esfera psíquica a tensão não elaborada. A expulsão pelo ato – *acting out* – tem o mesmo valor da realidade psíquica, com a diferença de que sua função transformadora da realidade e sua função comunicativa se perdem diante do objetivo maior da expulsão.

Esses mecanismos de curto-circuito mantêm o sujeito em uma espécie de "cegueira" em relação à própria realidade psíquica, situação na qual o aparelho psíquico tem dificuldades para operar como espaço de elaboração situado entre as fontes somáticas da pulsão e o limite da realidade externa.

A imagem de um curto-circuito, explorada por Green (1974), é bastante apropriada, pois o que parece ocorrer nesses quadros é que a via preferencial de condução da energia não suporta o acúmulo de tensão, que busca, então, outras vias de descarga. É a impossibilidade da tramitação das excitações pelas vias associativas das representações que forçam caminho pelas vias extrarrepresentativas do corpo e da ação, o que veremos agora com a ajuda de outros autores.

A descarga pela via corporal

A ideia de Fernandes (2011) de que há um corpo do transbordamento em oposição ao corpo da representação é bastante instrutiva para elucidar de que maneira a dimensão corporal se faz presente nas patologias atuais.

Para essa autora, o declínio da interioridade psíquica como lugar privilegiado de encenação dos dramas neuróticos dos sujeitos vem dando lugar ao predomínio das patologias da ação e do registro corporal. Assim, "as problemáticas internas vêm migrando progressivamente para o corpo; a ênfase na corporalidade parece sugerir que a plataforma dos conflitos migra para o exterior do sujeito" (Fernandes, 2011, p. 48-49). Na base desse processo de deslocamento do eixo subjetivo para a dimensão corporal, estaria uma cultura de evitamento da dor, em função de "uma espécie de precariedade da atividade psíquica, na qual o espaço para a reflexão sobre o sofrimento encontrava abrigo e possibilidade de elaboração" (p. 49). Se as marcas das dores da vida não podem mais encontrar uma inscrição psíquica, resta-lhes a inscrição corporal, o que eleva o corpo ao lugar privilegiado de abrigo do sofrimento.

Nesse contexto, Fernandes (2011) elabora duas hipóteses que orientam suas reflexões. A primeira supõe que o corpo se apresenta, ao mesmo tempo, "como o palco onde se desenrola o complexo jogo das relações entre o psíquico e o somático e como personagem integrante da trama dessas relações" (p. 53). Da mesma maneira que a pulsão, o corpo possui a "dupla inscrição" entre o psíquico e o somático, o que o leva a ser regido pela "dupla racionalidade" oriunda desses dois registros. Essa hipótese tornou-lhe possível pensar que o somático, como conjunto das funções orgânicas dinâmicas, habita um corpo que é também o lugar de manifestação do desejo inconsciente.

A segunda hipótese tem sua origem na postulação freudiana da pulsão de morte como pulsão sem representação, que conduz à ideia de uma eficácia psíquica situada aquém da simbolização. "A função metapsicológica do corpo, entre dor e prazer, vida e morte, permite abordar tanto um corpo da representação como [...] [um] corpo do transbordamento que, situando-se aquém da simbolização, coloca em evidência o excesso impossível de ser representado" (Fernandes, 2011, p. 57).

Assim, é o lugar do corpo na teoria freudiana que revela e preserva tanto a incidência da representação como a do transbordamento, é esse lugar que funciona como base para pensar essas duas dimensões corporais. Se nem sempre o corpo biológico está plenamente ligado ao sistema de simbolização, torna-se plausível admitir o sintoma corporal como uma descarga, como um excesso que atravessa o aparelho psíquico sem se organizar necessariamente pela lógica da representação. Dessa maneira, as relações entre o corpo e o inconsciente não precisam ficar restritas ao registro da representação, o que abre importante caminho para reflexões além da lógica do recalcamento.

McDougall (1991) cunhou outro conceito – desafetação – para falar de algo semelhante que percebeu na clínica com pacientes somatizadores. Segundo a autora, aqueles mais propensos a somatizar são justamente os que são "incapazes de recalcar as ideias ligadas à dor emocional e igualmente incapazes de projetar esses sentimentos, de maneira delirante, sobre as representações das outras pessoas" (p. 105). Assim, com uma organização psíquica diferente da neurose e da psicose, tais pacientes "ejetam brutalmente" (p. 105) da consciência as representações carregadas de afeto, de modo que as palavras perdem sua potência de ligação pulsional e se tornam "estruturas congeladas, esvaziadas de substância e de significação". Nesse contexto, o discurso, mesmo quando perfeitamente inteligível, é destituído da força dos afetos e as palavras não podem mais conter o excesso da experiência afetiva, não oferecendo mais proteção contra a excitação pulsional. O corpo, enfim, permanece descoberto frente ao impacto da força das intensidades.

Assim, não é acaso, a presença maciça da dimensão do organismo em muitas das patologias atuais, enquanto o registro do corpo, como instância libidinalmente investida, acaba relegado a segundo plano. Por causa dessa imposição brutal, agiganta-se em tais sujeitos a dificuldade de inserir suas queixas somáticas em uma rede de sentido que possa dar contornos simbólicos mínimos aos sintomas de que se queixam.

A descarga pela via do ato

Mayer (2001) defende a posição de que, embora perdurem as grandes estruturas clínicas (neuroses, perversões e psicoses), não seria conveniente fechar os olhos ao fato de que nos últimos anos houve uma explosão de casos que não podem ser enquadrados nessa tríade. Se não são quadros inteiramente novos, apresentam-se na atualidade de maneira maciça, crescente e com notável intensidade.

O autor cita como exemplo as adicções, as doenças psicossomáticas e os distúrbios na alimentação para salientar que, nesses quadros, "ocupa lugar de destaque uma forma de atuação na qual parece funcionar uma espécie de curto-circuito entre o impulso e a ação, pulando-se o processamento psíquico" (Mayer, 2001, p. 82). É quando afirma que essas diversas configurações clínicas costumam ser agrupadas sob o nome comum de "patologias atuais", que ele destaca como essa denominação cuja vantagem de condensar o sentido de "contemporaneidade" com o de "patologias do ato". Falar em patologias atuais, portanto, é falar em configurações subjetivas que se intensificaram na contemporaneidade e que têm como características principais os mecanismos de passagens ao ato.

Essa ambiguidade do termo "atual" não passou despercebida para Laplanche (1998), mas em outro contexto. Analisando os textos iniciais de Freud, sobretudo no que concerne às neuroses atuais do ponto de vista etiológico, o autor salientou que a causa delas é atual no duplo sentido de "presente no tempo" e de "presente em ato".

É essa dupla dimensão que me interessa salientar, pois diz respeito a um ponto importante de articulação entre as neuroses atuais e as patologias da atualidade, e é a razão pela qual, em relação às "novas patologias", o termo "patologias atuais" me parece bastante apropriado, como chamei a atenção no início deste capítulo.

Segundo Savietto (2006), o fenômeno das passagens ao ato pode ser observado com clareza em muitas das manifestações psicopatológicas que fazem parte do grupo das "novas patologias", em que esse modo peculiar de atuação frequentemente está presente. A presença regular desse fenômeno é explicada pelo fato de que essas configurações são reguladas por uma "economia do trauma", por um excesso de excitação que põe em risco a integridade do aparelho psíquico, de modo que, na tentativa de manter seu equilíbrio, o psiquismo tende a responder com uma ação compulsiva e repetitiva. A autora cita alguns quadros em que as passagens ao ato estão presentes:

> [...] nos transtornos alimentares, em que o sujeito consome a comida de maneira continuada e compulsiva; na anorexia nervosa, na qual o sujeito recusa a comida de forma sistemática; nas drogadicções, em que abusiva e compulsivamente o sujeito utiliza substâncias tóxicas; nas demais adicções, que sempre se expressam pelo apego abusivo ao objeto (Savietto, 2006, p. 13).

Vale salientar que são todos quadros em que a passagem ao ato se configura como um modo peculiar de defesa, em que está presente, entre outros aspectos, a interrupção do trabalho de elaboração psíquica.

Roussillon (2006), em trabalho bastante elucidativo, apresenta algumas concepções correntes sobre o ato em psicanálise. Salienta o autor, de início, que a noção de ato não é propriamente um conceito psicanalítico e que não pertence à metapsicologia freudiana, sendo utilizada normalmente em formas compostas – "pôr em ato" ou "*acting out/in*". A maneira como essa noção é utilizada evidenciaria que se trata de um processo em vias de se efetuar, de uma tendência do funcionamento psíquico e não de um estado psíquico, estando relacionada, portanto, sempre à dimensão da ação. Mas, apesar de essa dimensão ser inegável, Roussillon avança no entendimento do ato ao aproximá-lo, a partir das formulações de Freud em "A interpretação dos sonhos" (1900), do registro do pensamento:

> O pensamento supõe, para seu funcionamento, a aplicação de *pequenas quantidades* energéticas. Já o ato implica a descarga de *grandes quantidades* energéticas. Do ato ao pensamento se produziria, então, um processo de redução das quantidades de excitações, o pensamento seria um "ato" interno mínimo, um ato simulado (p. 198).

O pensamento reflexivo, então, quando no lugar do ato, seria capaz de produzir uma redução na quantidade das excitações. É a interrupção da cadeia psíquica que leva ao pensamento do que é produzido pelo ato, interrupção que tem como resultado a descarga incontrolável de grandes quantidades energéticas.

Essa ideia de uma cadeia de elementos psíquicos que conduz gradualmente a excitação em direção à simbolização está fundamentada em um trabalho de Green (1970). Segundo esse autor, tal cadeia psíquica é composta pelos seguintes elementos: soma – pulsão – afeto (representante psíquico da pulsão) – representação de coisas – representação de palavras – pensamento reflexivo. Cada um desses elementos conserva e, ao mesmo tempo, transforma o elemento precedente, de modo que o trabalho psíquico é constituído pela passagem das excitações por esses diversos pontos. Nessa visão, o ato é o que gera uma espécie de curto-circuito na cadeia, em um ponto ou em outro, o que evidentemente dificulta o trabalho psíquico de ligação das excitações.

Na continuação de seu trabalho, Roussillon (2006) apresenta algumas concepções do ato correntes em psicanálise: ato-descarga (sem tela), ato-signo (ato em busca de tela), ato-tela e ato-experiência de apoio.

O "ato-descarga (sem tela)" seria aquele que resulta em uma "descarga direta [...] das grandes quantidades de excitações que seriam assim radicalmente subtraídas ao processo de pensamento e ao trajeto da mentalização" (Roussillon, 2006, p. 200), sendo que esse processo de expulsão pode tomar diferentes formas: motora (muscular), psíquica (alucinatória) e somática (psicossomática). Não haveria aqui os elementos de retenção da excitação, os elementos do sistema de ligação, de modo que o processo se daria como se o aparelho psíquico não tivesse se separado da motricidade original, ou como se recorresse a esse modelo primeiro para se defender da excitação. Isso conduz à hipótese de que o ato-descarga não teria uma função apenas protetora ou defensiva, mas que conteria também, em esboço, um pensamento ou uma representação que está por advir, que busca uma forma – uma tela.

O "ato-signo (ato em busca de tela)" seria um agir que "está em busca de sentido e de representação de coisas" (p. 201). Aqui já haveria uma transformação potencial das excitações em afetos ou em representações de coisas, já haveria, portanto, um primeiro nível de organização pulsional. Esse ato conteria, então, a preconcepção de uma tela, de um anteparo.

O "ato-tela", por sua vez, seria aquele que em seu percurso recupera "um conjunto de elementos psíquicos insuficientemente mentalizados neles mesmos, mas que incluem o pensamento de sua ligação" (p. 202). O ato, nessa concepção, seria uma encenação, no interior da qual já se teria operado uma função de síntese elementar, mas sem representação metafórica ou simbólica dessa ligação. Apesar de presente no sujeito, a ligação estaria simbolizada de forma precária, em busca, portanto, de um símbolo para constituir uma ligação psíquica.

Já o "ato-experiência de apoio", continuando a série das concepções anteriores, seria aquele ato indispensável para atualizar uma potencialidade do eu, e da relação deste com o mundo, que não pode tomar forma na história do sujeito. Estritamente ligado ao agir transferencial, como um modo de tornar presentes as experiências infantis pouco ou insuficientemente elaboradas simbolicamente, esse ato seria indispensável à experiência analítica pelo que traria de atualização transferencial.

Essa exposição de Roussillon (2006) de diferentes concepções do ato tem a vantagem de fugir à dicotomia, às vezes simplista, da divisão do ato em *acting out* e passagem ao ato. Conceber o ato em uma série que vai daquele menos elaborado, como descarga das excitações, àquele em que a elaboração simbólica se faz presente, enriquece nossa compreensão dos fenômenos de passagens ao ato tão comuns nas patologias atuais.

O autor não o faz, mas talvez seja possível correlacionar os diferentes tipos de atos com a cadeia de elementos psíquicos exposta anteriormente. Como mostrei, há uma matização dos atos que vai da descarga, praticamente sem elaboração alguma, até a *mise-en-scène* da cena analítica, já inserida no registro simbólico. Da mesma maneira, as excitações percorrem uma cadeia que vai do somático ao psíquico, composta pelos seguintes elementos: soma – pulsão – afeto (representante psíquico da pulsão) – representação de coisas – representação de palavras – pensamento reflexivo. A elaboração psíquica ocorre à medida que as excitações se articulam, em seu percurso, com os diferentes elementos, de modo que a elaboração máxima está no polo do pensamento reflexivo.

O ato seria justamente a interrupção desse percurso, de modo que, dependendo dos elementos envolvidos nessa interrupção, o ato originado seria um ou outro. Se a interrupção ocorresse mais próxima do polo somático, o ato seria semelhante ao ato-descarga, com pouca ou nenhuma elaboração simbólica. Em contrapartida, se a interrupção ocorresse mais próxima do pensamento reflexivo, o ato originado seria similar ao ato-experiência de apoio.

Essa articulação entre a cadeia psíquica elaborada por Green (1970) e os diferentes atos pensados por Roussillon (2006) pode auxiliar na compreensão das diversas gradações existentes entre a passagem ao ato e o *acting-out*, articuladas em torno da efetividade dos processos de simbolização. As passagens ao ato, características das patologias atuais, seriam o efeito da interrupção da cadeia psíquica logo nos elementos iniciais, em que houve pouco tempo para a instauração dos processos de elaboração psíquica, e o desafio seria como, clinicamente, permitir o ingresso dos demais elementos na circulação psíquica antes que o curto-circuito de fato se efetivasse.

Essa ideia de um curto-circuito está presente também, como mostrei anteriormente, nas formulações de Fernandes (2002). A autora mostra como Freud, desde seus textos iniciais, ao enfatizar a distinção entre as psiconeuroses de defesa e as neuroses atuais, abriu caminho para o que ela definiu como "corpo do transbordamento". É um registro do corpo vinculado ao curto-circuito dos processos de simbolização, que está na base das passagens ao ato, e que se articula também ao "transbordamento da sexualidade" verificado nas neuroses atuais:

> As primeiras [psiconeuroses] remetem à problemática da sexualidade infantil, e as segundas [neuroses atuais], à problemática da sexualidade atual. As neuroses atuais evidenciam um transbordamento da sexualidade no corpo, gerando sintomas corporais que, a princípio, não se confundem com os sintomas corporais da histeria. Se com a histeria Freud faz do corpo o lugar de uma simbolização, problematizando a relação entre as psiconeuroses e as neuroses atuais, abre com isso o caminho para pensarmos um corpo do transbordamento (p. 4).

Assim, após esse percurso pelas *patologias atuais* – em que explorei sobretudo as noções de excesso, limite, transbordamento, corpo e ato –, é chegado o momento de nos voltarmos para as *neuroses atuais*, tematizadas por Freud nos anos 1890.

Chamo a atenção para a polissemia do termo "atual", comum a ambas. Se, como mostrarei, nas neuroses atuais a ambiguidade do termo remete às dimensões de *presente no tempo* e de *presente em ato*, articuladas sempre à etiologia, nas patologias atuais a polissemia é mais rica, pois, além de remeter às ideias de *presente*, *ato* e *atualidade*, diz respeito também à noção mais ampla de constituição subjetiva. É a própria constituição do aparelho psíquico – constituição do sujeito – que está em questão nas patologias da contemporaneidade, hipótese que se tornará mais plausível no decorrer desta obra.

2
As neuroses atuais

No primeiro capítulo, vimos como as chamadas patologias da atualidade comportam uma característica comum – a fragilidade do registro representacional no âmbito do funcionamento psíquico – e discorri sobre as consequências de tal aspecto para o aparelho psíquico. Salientei ainda como o excesso pulsional, quando não elaborado psiquicamente, toma outras vias pelas quais pode ser descarregado, sobretudo a via corporal e a da ação.

Se nas patologias atuais verifica-se o esmaecimento dessa esfera representacional, é o próprio processo de elaboração psíquica que se encontra prejudicado, de modo que há nesses quadros dificuldade para realizar a "exigência de trabalho" que as pulsões impõem ao psiquismo. Em última instância, essa problemática diz respeito, de modo central, à capacidade de ligação do psiquismo, precisamente sua tarefa principal.

Nos textos dos anos 1890, Freud investigou quadros psicopatológicos que apresentavam a mesma dificuldade para transpor as excitações corporais para o psiquismo, com sintomas que se expressavam, sobretudo, no registro corporal. Esses quadros foram designados, na época, como neuroses atuais e apresentavam verdadeiros impasses para a realização dessa transposição de excitações. Não à toa Freud defendeu, em quase todo o conjunto de sua obra, a inacessibilidade dessas neuroses ao tratamento psicanalítico, já que estimava que seus sintomas não apresentassem expressão psíquica, embora tenha em algumas passagens colocado em questão essa hipótese, o que mostrarei adiante.

No presente capítulo, será retomado o percurso freudiano dedicado à compreensão das neuroses atuais, categoria clínica introduzida pelo próprio Freud para designar inicialmente a neurastenia e a neurose de angústia, e posteriormente também a hipocondria. Mapearei seu percurso na construção dessas noções, bem como tentarei elucidar a que inquietações teóricas essas neuroses pareciam responder.

As neuroses atuais estavam indissoluvelmente vinculadas ao intenso trabalho que Freud realizou visando dar forma à primeira nosografia psicanalítica. Essa tarefa implicou não somente meticulosa construção de novas categorias – por exemplo, a de neurose de angústia – mas também rearranjos conceituais de outras já bastante difundidas no meio médico de então, como a neurastenia. Ao mesmo tempo, tinha início, nesse período, a constituição de um novo campo teórico-conceitual no interior do qual conceituações clínicas emergentes adquiriam sentido e inteligibilidade e a sexualidade passava a desempenhar papel fundamental.

Em Freud, a compreensão da dimensão da sexualidade esteve inicialmente restrita à concretude da vida sexual, e é exatamente assim que ela surge como fator etiológico fundamental nas neuroses atuais. Porém, com a introdução das psiconeuroses de defesa, ela deixará de ser identificada meramente ao registro do ato sexual e adquirirá crescente importância no edifício conceitual psicanalítico. No que concerne a essa profunda transformação que virá a ser operada na teoria da sexualidade, o estudo da neurastenia e da neurose de angústia foi, entretanto, de essencial relevância. Por meio delas, Freud pôde colocar em evidência, mesmo que de modo rudimentar, o peso que a sexualidade representa na vida subjetiva e principalmente a hipótese de uma origem sexual das neuroses.

O sexual subjacente a toda neurose

O termo "neurose atual" (*aktualneurose*) aparece pela primeira vez na obra de Freud em "A sexualidade na etiologia das neuroses" (1898). Trata-se de um trabalho que pouco avança em relação ao que ele desenvolveu dois anos antes em "A etiologia da histeria" (1896b), artigo no qual se detém com detalhes sobre o que supunha ser a causa da histeria – as experiências sexuais infantis. Foi entre a publicação desses dois textos que Freud endereçou a Fliess sua célebre "Carta 69" (1897), na qual afirma não acreditar mais na sua teoria das neuroses, na sua "*neurotica*".

O trabalho "A sexualidade na etiologia das neuroses" (1898) mostra duas preocupações centrais de Freud nesse momento: o papel central da sexualidade no desencadeamento de todas as neuroses e a importância do diagnóstico diferencial entre as neuroses atuais e as psiconeuroses. É justamente em relação a esse último aspecto que ele se refere pela primeira vez às neuroses atuais:

> O valor da elaboração de um diagnóstico correto, separando as psiconeuroses da neurastenia, é também demonstrado pelo fato de que as psiconeuroses requerem uma avaliação prática diferente e medidas terapêuticas especiais. Elas [as psiconeuroses] aparecem em consequência de dois tipos de determinantes, seja independentemente, seja no rastro das "neuroses atuais" (neurastenia e neurose de angústia) (Freud, 1898, p. 248-49).

A importância de um diagnóstico correto se deve às medidas terapêuticas especiais que devem ser tomadas no caso das psiconeuroses. Para estas, a terapêutica indicada será o próprio tratamento psicanalítico, com base na investigação da vida sexual infantil do paciente. Esse modelo, conforme sustenta Freud (1898), não seria indicado para as neuroses atuais, pois estas surgiriam "sob a influência etiológica de uma perturbação sexual 'atual' [...], do momento presente" (p. 249), sem correlação, portanto, com experiências ou fatos da vida passada.

Essa primeira distinção nosográfica entre neuroses atuais (neurastenia e neurose de angústia) e psiconeuroses (histeria e obsessões) será mantida até o final da obra freudiana, apesar de certa relativização do contraste entre os dois modelos que surgirá mais tarde, como mostrarei adiante. Para Freud (1898), havia a certeza incontestável de que "em todo caso de neurose há uma etiologia sexual; mas na neurastenia [nas neuroses atuais] é uma etiologia de tipo contemporâneo, enquanto nas psiconeuroses os fatores são de natureza infantil" (p. 240).

A separação entre neuroses atuais e psiconeuroses de defesa é o primeiro grande contraste que toma forma quando Freud (1898) começa a delinear os quadros clínicos que darão origem à nosografia psicanalítica. De um lado, as neuroses atuais, cujos fatores etiológicos encontram-se nas práticas sexuais do cotidiano dos pacientes e são de seu conhecimento; de outro lado, as psiconeuroses, cuja etiologia pertence a "uma época da vida há muito passada, que é, por assim dizer, pré-histórica – a época da primeira infância" (p. 240), sobre a qual os pacientes nada sabem.

O outro contraste daquela época foi a subdivisão das neuroses atuais em dois quadros clínicos distintos – neurastenia e neurose de angústia –, cada um com sintomatologia e etiologia específicas, apesar de, em geral, os dois aparecerem juntos. Os sintomas neurastênicos estariam, normalmente, relacionados à dimensão corporal – "pressão intracraniana, propensão a fadiga, dispepsia, constipação, irritação espinhal etc." (p. 240) –, ao passo que na neurose de angústia todos os sintomas – ansiedade, inquietação, expectativa angustiada, ataques de angústia, agorafobia, insônia etc. – apresentariam relação com o sintoma principal: a angústia

Do ponto de vista etiológico, Freud afirmava que a neurastenia seria causada pela masturbação excessiva ou por "emissões frequentes", enquanto a neurose de angústia teria como causa a continência e a insatisfação sexual, decorrentes de práticas como coito interrompido, excitação sexual não consumada etc.

Ainda que expressando constante preocupação em delimitar as neuroses do ponto de vista etiológico e sintomatológico, Freud salienta em várias passagens de "A sexualidade na etiologia das neuroses" (1898) que elas podem aparecer sob formas mistas. Não apenas a neurastenia e a neurose de angústia tendem, muitas vezes, a aparecer juntas como é muito frequente a ocorrência de quadros em que várias neuroses aparecem combinadas. Trata-se, por exemplo, de quadros em que uma neurose de angústia predomina, mas em que também há traços de neurastenia, histeria e neurose obsessiva.

É visível, portanto, o esforço de Freud para delimitar teoricamente as configurações clínicas com as quais se depara. No entanto, ele constata que estas se manifestam, na prática, de maneira conjunta, revelando uma mistura tanto de suas expressões sintomatológicas como de seus desencadeantes etiológicos. Foi nesse contexto – pouco antes de criar o termo "neurose atual", que ficará consagrado – que a expressão "neurose do momento atual" (*aktuelle neurose*) foi utilizada: "a histeria [...] pode facilmente assumir a aparência de uma das neuroses do momento atual" (Freud, 1898, p. 242).

A neurastenia como empobrecimento psíquico

Se o termo "neurose atual" surge na obra freudiana somente em 1898, quase no fim do século – quando Freud já se preparava para a grande empreitada que antecederia a publicação de "A interpretação dos sonhos" (1900) –, o quadro clínico da neurastenia já estava presente no meio médico há alguns anos, proveniente dos estudos do norte-americano George Miller Beard (1839-1883).

De acordo com Cancina (2004), o termo "neurastenia" foi introduzido por Beard em seu livro *La nervosidad americana*, de 1881, e tinha essencialmente o significado de falta de força nervosa, característica das pessoas com "nervos" muito vulneráveis:

> [...] Beard estabelece que a neurastenia é uma doença nervosa funcional crônica, que se baseia em um empobrecimento da *força nervosa*, em uma ausência de reserva de força nervosa, o que conduz a uma debilitação rápida e, por conseguinte, a frequentes chamados para pôr novamente em jogo a força nervosa. Dali resultam uma ausência do poder inibidor físico e moral, uma debilitação e uma instabilidade da ação nervosa, uma sensibilidade e uma irritabilidade excessivas e a aparição de uma série de sintomas diretos e reflexos (Cancina, 2004, p. 27).

A neurastenia, nessa concepção, se centrava na fadiga física de origem nervosa e apresentava sintomas absolutamente variáveis e múltiplos, tais como dores de cabeça, dores difusas pelo corpo, distúrbios digestivos (dispepsia, flatulência e constipação), parestesias, perda ou diminuição do apetite sexual etc. Os sintomas apareciam e desapareciam de maneira bizarra e podiam substituir-se uns aos outros, sendo determinados pelas irritações reflexas não só nos nervos motores e sensitivos, mas também nos nervos simpáticos e vasomotores.

Ao tentar explicar a etiologia da neurastenia, Beard se mostrava anda mais especulativo. O corpo humano seria uma espécie de reservatório de forças constantemente em jogo e renováveis pelo sol, concepção segundo a qual o indivíduo neurastênico teria uma quantidade muito pequena de força nervosa em reserva, o que o tornaria facilmente debilitado pelas diferentes circunstâncias da vida moderna.

Esse autor procedeu ainda a uma classificação clínica da neurastenia, subdividindo-a em neurastenia cerebral, espinhal, digestiva, traumática, histérica e hemineurastenia, todas causadas por debilitação. Havia ainda a neurastenia sexual, mas, ao contrário da concepção que Freud vai desenvolver, o que importava em sua visão era o estado dos órgãos genitais, mais do que a qualidade da sexualidade. Apesar de essa visão ser tão aderida ao registro biológico, é digno de nota que Beard tenha salientado antes de Freud que práticas sexuais nocivas, sobretudo a masturbação excessiva, estariam na origem da debilidade cerebral causadora da neurastenia. Para Beard, esta seria "a manifestação orgânica do esgotamento da energia sexual em função de uma atividade sexual anormal" (Pereira, 1997, p. 61).

Sobre o fato de o médico norte-americano ter percebido antes de Freud a origem sexual da neurastenia, Cancina (2004) lembra que o livro de Beard sobre a neurastenia sexual foi publicado em 1884, "enquanto Freud [começou] a ligar a neurastenia a transtornos da vida sexual nos anos de 1892-1893" (p. 31). De fato, os rascunhos iniciais de Freud e as cartas a Fliess, que asseguram a causa sexual das neuroses atuais, são todos dos anos 1890, posteriores, portanto, ao livro de Beard.

A esse respeito, afirma Laplanche (1998, p. 18), "a relação entre neurastenia e sexualidade foi bem observada pelos psiquiatras ou médicos que a estudaram antes de Freud":

> As perversões sexuais [...], as diversas espécies de masturbações psíquicas podem ter uma ação etiológica. Mesmo no casamento, e quando existem relações normais, o coito interrompido é capaz de provocar o surgimento de fenômenos neurastênicos... (Preyer *apud* Laplanche, 1998, p. 18).

Podemos, assim, afirmar que Freud se utiliza da ideia, disseminada nos meios médicos de sua época, de que a neurastenia era a expressão de um esgotamento da energia sexual devido a práticas sexuais anormais. Segundo Laplanche (1998), esse ponto de vista interessou-lhe vivamente, pois indicava de maneira evidente a presença do fator sexual no desencadeamento das neuroses.

No "Rascunho G" (1895b), escrito provavelmente em 1895 e que versa sobre a melancolia, Freud escreve que esta e a neurastenia apresentam *empobrecimento* muito semelhante, como se "a excitação escapasse através de um buraco" (p. 290). Mas o que escapa, no caso da neurastenia, é a excitação sexual somática, enquanto na melancolia é algo da esfera psíquica, embora, adverte Freud, também "o empobrecimento neurastênico pode estender-se à esfera psíquica" (p. 290).

É visível, nos primeiros rascunhos e cartas da correspondência com Fliess dos anos 1892-93, a preocupação de Freud em evidenciar a relação direta entre sexualidade e neurose. Apesar de, nessa época, sua concepção de sexualidade ainda estar muito atrelada ao exercício em si da prática sexual, como mostrei, no texto publicado pouco depois, "As neuropsicoses de defesa" (1894a), já começa a despontar uma noção mais ampla do registro do sexual.

Independentemente disso, nos rascunhos e cartas citados, as neuroses sobre as quais Freud mais se debruça são a neurastenia e a neurose de angústia; e é difícil compreender, a partir da leitura desses primeiros escritos, quais seriam exatamente as diferenças entre as duas neuroses, tanto do ponto de vista sintomático como etiológico. Mas é possível vislumbrar, sim, desde esse momento inicial, o princípio do traçado que conduzirá à constituição de uma nosografia psicanalítica.

Assim, na primeira "tese" do "Rascunho A" (1892), escrito provavelmente no final de 1892, Freud afirma que "não existe nenhuma neurastenia ou neurose análoga sem distúrbio da função sexual", ao passo que na sexta "tese" salienta que "a neurose de angústia é, em parte, consequência da inibição da função sexual" (p. 254). Ainda que de forma sutil, já começa a ser estabelecida aqui uma primeira diferença entre as duas neuroses, a partir da distinção entre "distúrbio da função sexual" e "inibição da função sexual". A seguir, ele lista os possíveis fatores etiológicos dessas neuroses: esgotamento devido a formas anormais de satisfação; inibição da função sexual; afetos concomitantes a essas práticas; traumas sexuais anteriores ao início da idade da compreensão.

Como é sabido, esse último fator – o trauma sexual – desempenhará papel determinante no modelo explicativo da etiologia das psiconeuroses de defesa, denominação que será criada pouco depois. A "inibição da função sexual", como ele próprio observou, teria como consequência a neurose de angústia, e podemos inferir, então, que o distúrbio que estaria na base da neurastenia é o "esgotamento por satisfação anormal" (Freud, 1892, p. 254).

Vale pontuar que Freud já começa a indicar aqui a dimensão do *excesso* na condição de fundamento das neuroses atuais. Na neurastenia, como supracitamos, essa dimensão aparece articulada ao esgotamento por masturbação excessiva ou por "emissões frequentes", aspecto que não permite que essas práticas sexuais sejam ligadas aos fatores psíquicos; na neurose de angústia, o excesso seria de excitação sexual que, em função do coito interrompido ou da continência, também não chega a ser vinculado ao registro psíquico.

A concepção que Freud apresenta nesse momento a respeito dessas duas neuroses traz uma ideia particularmente interessante, que será retomada muito mais tarde de forma distinta e ressignificada. Trata-se justamente dessa noção de *excesso*, que nesse momento já aparece estreitamente articulada com a ideia de *impossibilidade de tramitação psíquica*. Além disso, o terceiro fator etiológico mencionado no "Rascunho A" (1892) – "afetos concomitantes às práticas sexuais" (p. 255) – parece ser um prenúncio de que as neuroses atuais teriam em sua base algo mais que uma mera disfunção sexual, constatação que, como mostrarei adiante, Freud só aceitará anos mais tarde.

No "Rascunho B" (1893b), Freud continua afirmando que "*toda* neurastenia é sexual" (p. 256) e que apenas o esgotamento sexual pode provocá-la sem o auxílio de outros fatores desencadeantes. Isso significa supor que o fator sexual seria indispensável na eclosão desse quadro, enquanto os demais fatores, tais como doenças físicas, afetos depressivos e excesso de trabalho, seriam apenas elementos acessórios. Segundo Cancina (2004), encontramos aqui "um esboço do que mais adiante se configurará como 'séries complementares', já que ordena a etiologia do ponto de vista do dispensável e do indispensável, produzindo o que chama 'fórmula etiológica'" (p. 45).

A neurose de angústia como ausência de elaboração

Embora já tendo sido mencionada no "Rascunho A" (1892), a denominação "neurose de angústia" é utilizada pela primeira vez no "Rascunho B" (1893b), no qual Freud a descreve com mais detalhes. A fórmula causal é similar à que seria própria da neurastenia, mas é o coito interrompido que é pensado como fator principal que a desencadearia, e não a masturbação. O elemento que desejo destacar nesse rascunho é a menção à presença de inúmeros sintomas corporais na neurose de angústia. Freud aponta que esta pode surgir como estado crônico e como ataque de angústia e que isto é vivenciado, principalmente, por meio de alterações corporais. É quando ele cita a hipocondria, não ainda como terceira neurose atual, mas como angústia relacionada ao corpo e acrescenta ainda a existência de outras "fobias", que revelariam também uma espécie de angústia em relação ao funcionamento corporal.

Ao que parece, nessa etapa inicial de seu percurso, a relação entre angústia e corpo ainda não é muito clara para Freud. Porém, seu esforço em delimitar os diversos sintomas corporais presentes nos quadros de neurose de angústia demonstra certa intuição quanto às estreitas relações entre angústia e corpo, relação que assumirá essencial importância em momentos posteriores de sua obra.

Dando continuidade ao estudo desses textos iniciais, o "Rascunho D" (1894b) e as "cartas" 14 (1893c) e 18 (1894c) retomam com pequenos acréscimos o que foi apresentado até esse momento em relação às neuroses de angústia. Mas é no "Rascunho E" (1894d) que Freud dá um passo importante, ao expor sua teoria sobre a origem da angústia. Esse trabalho não tem data definida, mas provavelmente foi escrito antes do primeiro artigo sobre a neurose de angústia, do qual parece ser um esboço preliminar. Reunindo uma série de casos clínicos em que a angústia apresentada teria origem em um fator físico da vida sexual, Freud percebe que a abstinência seria um atributo comum nos casos analisados:

> Como juntar todos esses casos separados? O que há de comum neles, com maior frequência, é a abstinência. [...] se

> trata de uma questão de acumulação física de excitação – isto é, uma *acumulação de tensão sexual física*. A acumulação ocorre como consequência de ter sido evitada a descarga. [...] a situação se define dizendo-se que a *angústia* surge por *transformação* a partir da tensão sexual acumulada (Freud, 1894d, p. 272).

Freud afirma aqui, pela primeira vez, seu ponto de vista em relação à origem da angústia – posição que será transformada ao longo de sua obra – quando tenta responder "por que ocorre essa transformação em angústia quando há uma acumulação?" (p. 272).

Instigado pelo material reunido nesses casos, ele foca sua atenção naquilo que supõe constituir acumulação da tensão endógena, cuja fonte estaria no interior do corpo, como é o caso da tensão sexual. Afirma, então, que esta só é percebida quando ultrapassa determinado limiar.

> É somente acima desse limiar que a tensão passa a ter significação *psíquica*, que entra em contato com grupos de ideias que, com isso, passam a buscar soluções. Assim, a tensão sexual física acima de certo nível desperta a libido psíquica, que então induz ao coito etc (p. 273).

Eis a descrição do que ocorre quando a tensão física sexual – tensão endógena – é descarregada, de maneira adequada, por uma reação específica. Mas e quando a reação específica – o coito – não se realiza? Freud diz que só a presença desse fator não é suficiente para que a tensão física venha a se transformar em angústia; no máximo, isso poderia produzir uma perturbação. "Quando a reação específica deixa de se realizar, a *tensão físico-psíquica* (o *afeto sexual*) aumenta desmedidamente. Torna-se uma perturbação, mas ainda não há base para sua transformação" (p. 273, grifos meus).

É interessante observar que Freud define nessa época o *afeto sexual* como uma *tensão físico-psíquica*, ou seja, como uma tensão de dupla face: uma voltada para o físico, outra para o psíquico. Assim, o afeto sexual, diferentemente da tensão sexual (que remeteria apenas ao plano físico), parece desempenhar aqui o papel que mais tarde será ocupado pelo conceito de pulsão, esse operador teórico limite que possibilitará pensar a passagem do corpo para o psiquismo e vice-versa. É essa a questão que parece instigar Freud nesse momento. Em outros termos, como a tensão sexual física pode se transformar em tensão sexual psíquica? De que maneira a tensão física desperta a libido psíquica? Como a tensão transpõe o registro do corpo em direção ao psiquismo?

Freud ainda não entende exatamente como essa passagem se dá, mas sabe que, *por algum motivo*, ela não seria operante na neurose de angústia:

> [...] a tensão física aumenta, atinge o nível do limiar em que consegue despertar afeto psíquico, mas por algum motivo, a conexão psíquica que lhe é oferecida permanece insuficiente: um *afeto sexual* não pode ser formado, porque falta algo nos fatores psíquicos. Por conseguinte, a tensão física, não sendo psiquicamente ligada, é transformada em angústia (p. 273).

Está contido nessa passagem o essencial da teoria de Freud sobre a neurose de angústia, que não pode, em absoluto, ser considerada apenas física ou fisiológica, já que leva fortemente em conta a importância do psiquismo na origem da angústia. Conceber o coito inadequado como causa primária da angústia – entendimento que suporia uma leitura apressada dos textos iniciais de Freud – seria levar em conta apenas parte do modelo teórico construído nesse momento. O modelo completo, conforme a passagem acima, supõe necessariamente a ideia de que, se o afeto sexual não pode ser formado, isto se dá justamente em função da *insuficiência* da conexão psíquica e da *falta de algo* nos fatores psíquicos. Assim, se a tensão física não é *ligada psiquicamente* é descarregada em forma de angústia.

A meu ver, Freud já intui a importância do psiquismo no que concerne aos fatores que originam a angústia. O afeto sexual – entendido nesse período como tensão físico-psíquica, como tensão de dupla face – seria o operador fundamental da ligação da tensão física com a libido psíquica, ou seja, seria o responsável pela passagem do registro corporal para o registro psíquico.

É exatamente a importância do fator psíquico no modelo teórico freudiano da neurose de angústia que é ressaltada por Laplanche (1998) com a noção de "fiador psíquico":

> Insistamos em que a teoria da neurose de angústia não é puramente fisiológica: não é a excitação somática que, simplesmente, não encontra um coito adequado, uma descarga adequada; é, isso sim, a excitação somática que não encontra seu fiador ao nível psíquico (o que, evidentemente, traduz-se pelo fato de o coito não ser adequado), e é ao nível de uma *ausência de elaboração* que se produz a derivação sob a forma de angústia (p. 27).

Laplanche introduz nessa passagem – na qual procura ler as contribuições de Freud sobre o tema de forma mais complexificada – um dado a mais em relação à neurose de angústia: é a "ausência de elaboração" que a produz, a ausência de elaboração da excitação somática. Na continuação de sua análise, o autor discrimina vários níveis de elaboração psíquica e situa a angústia "como o afeto menos elaborado e mais próximo da descarga energética pura", mesmo sendo passível de "certa elaboração" (p. 32). Essa ideia de que há vários níveis de elaboração psíquica é fundamental para a compreensão dessa distinção que Freud está começando a traçar entre as neuroses atuais e as psiconeuroses de defesa. É importante também, como mostrei, no entendimento do que se passa no registro da clínica atual, em que os quadros neuróticos têm cedido lugar aos não neuróticos.

Além da noção de ausência de elaboração destacada por Laplanche (1998), outro elemento merece ser destacado na teoria freudiana da neurose de angústia. Ao afirmar que a conexão psíquica é "insuficiente" para ligar a tensão física e que "falta algo" nos fatores psíquicos para realizar tal tarefa, Freud procura salientar que nas neuroses de angústia o aparelho psíquico não seria capaz de efetuar a ligação entre o registro do corpo e o do psiquismo. Assim, apesar de não utilizar essa terminologia na época, na neurose de angústia haveria uma *insuficiência psíquica* que tornaria problemática a passagem do universo das *intensidades pulsionais* para o *campo das representações*. Peço apenas que os leitores retenham agora essas noções, pois no terceiro capítulo apresentarei algumas hipóteses que talvez permitam o entendimento dessa insuficiência psíquica em outras bases.

No "Rascunho E" (1894d), após apresentar a hipótese da transformação da acumulação da tensão física sexual em angústia, Freud retorna aos casos apresentados e explica-os um a um a partir de sua hipótese, mostrando o valor elucidativo de sua teoria. Em todos os pacientes "há um considerável desenvolvimento da tensão sexual física, mas esta não pode ser convertida em afeto pela transformação psíquica" (p. 275) e é transformada em angústia. A "acumulação de tensão física e a evitação da descarga no sentido psíquico" (p. 275) desempenham papel fundamental nesse processo.

Freud encerra esse rascunho comparando a neurose de angústia com a histeria. Nesta, a excitação psíquica é desviada em direção à área somática, ao passo que naquela a tensão física sequer consegue penetrar no âmbito psíquico, permanecendo no trajeto físico. No último parágrafo, Freud confessa a Fliess que foi esse o ponto a que conseguiu chegar: "as lacunas precisam muito ser preenchidas. Penso que tudo isso está incompleto; falta-me algo; mas creio que os fundamentos estão corretos" (p. 276).

O "Rascunho E" (1894d) é a última contribuição, na correspondência com Fliess, em que o tema da neurastenia e da neurose de angústia é explorado mais profundamente. Já o "Rascunho F" (1894e) apresenta três casos clínicos que Freud procura interpretar à luz da hipótese desenvolvida no rascunho anterior, sem novidades teóricas, assim como o fez na "Carta 21" (1894f). A partir de então, os rascunhos e as cartas passam a versar cada vez mais sobre as "neuroses de defesa", título do "Rascunho K" (1896c), escrito provavelmente em 1896, no qual Freud procura entender justamente o problema da etiologia diferencial dessas neuroses – histeria, neurose obsessiva e paranoia (incluída entre as psiconeuroses de defesa nessa época). A partir daí, Freud trilhará o caminho que o levará às neuroses clássicas – neuroses de transferência – e que passará pela construção de conceitos teóricos e noções fundamentais para compreendê-las, como sexualidade, pulsão, conflito, recalque, inconsciente, complexo de Édipo, fantasia etc. É "somente" o edifício conceitual da psicanálise que começa a ser construído.

A neurose de angústia destacada da neurastenia

Se o tema das neuroses atuais praticamente desaparece da correspondência com Fliess após a escrita do "Rascunho E", Freud publica, nessa mesma época, o artigo "Sobre os fundamentos para destacar da neurastenia uma síndrome específica denominada 'neurose de angústia'" (1895c), no qual apresenta um novo elemento de peso. É a primeira vez que usa o termo "neurose de angústia" (*angstneurose*) em um trabalho publicado, apesar de já o ter utilizado várias vezes em suas cartas a Fliess. Tanto o termo como o conceito são criações de Freud, diferentemente da neurastenia, quadro já conhecido no meio médico de sua época, como mencionei acima. Esse artigo consolida a ideia de que a neurastenia e a neurose de angústia seriam dois quadros distintos, com diferenças essenciais em suas etiologias e mecanismos. Conforme indiquei anteriormente, na neurastenia genuína os sintomas típicos remetem à dimensão corporal, enquanto na neurose de angústia, apesar da presença também do registro do corpo, "todos os seus componentes podem ser agrupados em torno do sintoma principal da angústia, pois cada um deles mantém com esta última uma relação definida" (Freud, 1895c, p. 92).

A teoria exposta nesse artigo já fora apresentada anteriormente no "Rascunho E", como mostrei, assim como o termo "libido", que aparece aqui pela primeira vez em uma publicação. Tanto naquele rascunho como neste capítulo, o termo libido tem o sentido de algo exclusivamente psíquico, seja como libido sexual ou como desejo psíquico. Porém, apesar dessa inovação, Freud (1895c, p. 105) repete que o fundamental nessa teoria é "o fato extremamente importante de que não se podia atribuir a *nenhuma origem psíquica* a angústia que subjaz aos sintomas clínicos da neurose [de angústia]", pois sua origem seria exclusivamente somática.

É interessante notar que ele termina o artigo, como também o fez no "Rascunho E", comparando a neurose de angústia com a histeria, afirmando que ambas, em relação à sintomatologia, apresentam muitos traços em comum, o que até então não havia sido levado em consideração. O acúmulo de excitação, devido à *ausência de elaboração*, seria a base comum às duas neuroses. No entanto, se na neurose de angústia a excitação parece ser puramente somática e permanece nesse registro, sem nunca ter sido elaborada psiquicamente, na histeria a excitação é psíquica e é reconvertida ao registro somático.

Pode-se inferir, então, que no caso da histeria a excitação já sofreu algum tipo de elaboração, mas esse processo vê-se impedido em função de um conflito psíquico que provoca a descarga da excitação no corpo pela conversão. A ausência de elaboração mais radical, de fato, estaria então do lado da neurose de angústia, o que leva à afirmação, no fim do artigo, de que "a neurose de angústia é, realmente, o equivalente somático da histeria" (Freud, 1895c, p. 111). É uma ideia que reaparecerá em outros trabalhos, às vezes com nomes distintos como "equivalência", "complacência" ou "submissão somática". Mas o que estaria em jogo nessa afirmação? O que significaria considerar a neurose de angústia equivalente somático da histeria?

A meu ver, nessa ideia está, de certo modo, indicado que na neurose de angústia estariam em ação mecanismos psíquicos mais arcaicos que aqueles atuantes na histeria. Em outros termos, haveria na neurose de angústia a ação de mecanismos defensivos menos organizados e mais elementares, como a somatização e a presença da própria angústia – o afeto menos elaborado e mais próximo da descarga energética pura, como lembrou Laplanche (1998, p. 32). Além disso, alocar a neurose de angústia como equivalente somático da histeria pode ser entendido também como tentativa de explicitação da complementaridade entre ambas, entendimento que possibilita a seguinte questão: os sintomas histéricos poderiam ser concebidos como prolongamentos dos sintomas da neurose de angústia?

Outros questionamentos partem desse ponto. A afirmação de Freud, na "Conferência XXIV – O estado neurótico comum" (1917a), de que todo sintoma psiconeurótico possui frequentemente um núcleo que se constituiu originalmente como neurose atual supõe a hipótese de que na base de uma psiconeurose haveria normalmente uma neurose atual? E seria essa a razão pela qual Freud, intuitivamente, se referiu às neuroses atuais como *neuroses de base* ou *neuroses simples* em "A etiologia da histeria" (1896b)?

Esse aspecto arcaico do psiquismo aparece ainda de modo restrito nos textos iniciais de Freud, relativo somente às neuroses atuais, mas pontuo essa dimensão por considerar que, já nesses primórdios, se fazem presentes algumas sementes de uma visão que germinará bem depois em sua obra.

Em seu trabalho "Sobre o narcisismo: uma introdução" (1914a), Freud vai estender essa suposição de equivalência somática à neurastenia e à hipocondria, o que só vem reforçar a hipótese de que nas neuroses atuais estariam em ação mecanismos psíquicos muito elementares. É nesse artigo também que a hipocondria será alocada definitivamente entre as neuroses atuais. Vejamos como isso se deu.

A hipocondria como manifestação sintomática inespecífica

Nos textos iniciais de Freud dos anos 1890 as referências à hipocondria, apesar de fugazes, são frequentes. Esta não aparece como quadro psicopatológico definido, mas como manifestação sintomática inespecífica, que pode estar associada a praticamente qualquer quadro clínico: histérico, obsessivo, fóbico, neurastênico, de angústia – e até mesmo delirante e alucinatório. É assim que, ao discorrer sobre os sintomas crônicos da neurose de angústia no "Rascunho B" (1893b), Freud define a hipocondria como uma "angústia relacionada com o corpo" (p. 260). Ou ainda, no artigo de 1895 sobre a neurose de angústia, como uma neurose incerta que encontra lugar em muitas descrições ao lado da histeria e da neurastenia, mas cuja aplicabilidade seria prejudicada pela ligação fixa do termo com o sintoma de "medo de doença". Antes disso, na "Carta 14" (1893c), Freud descreve um caso novo em que havia temores hipocondríacos:

> Homem, 42 anos: filhos de 17, 16 e 13 anos. Esteve bem até há seis anos. Aí, com a morte do pai, súbito ataque de angústia com palpitações, temores hipocondríacos de câncer da língua; vários meses depois, um segundo ataque, com cianose, pulso intermitente, medo de morrer etc.; a partir de então, fraqueza, vertigem, agorafobia, alguma dispepsia. Este é um caso de angústia pura, acompanhado de sintomas cardíacos subsequentes a uma emoção; contudo, o *coitus interruptus* foi aparentemente tolerado com facilidade durante dez anos (p. 263-64).

Sobre esse caso, Volich (2002) afirma, com perspicácia, que a preocupação de Freud em fortalecer sua hipótese sobre a etiologia sexual das neuroses atuais o impediu de refletir sobre a relação entre a morte do pai, os ataques de angústia e os temores hipocondríacos, constatação que lhe teria sido útil para o esclarecimento da série sintomática apresentada pelo paciente. O autor lembra ainda que, naquela época, os recursos clínicos e conceituais à disposição de Freud eram ainda muito incipientes, e que de fato ele estava mais mobilizado pela questão causal e nosográfica do que pela "história natural" das neuroses. Visto com o olhar de hoje, "esse breve relato já permite vislumbrar que o temor hipocondríaco se manifesta em um contexto em que as questões de perda, do luto e do desinvestimento do objeto (como seria dito mais tarde) se encontram no cerne da evolução da doença" (p. 83).

Na continuação de seu trabalho, Volich analisa o artigo de Freud "Sobre os fundamentos para destacar da neurastenia uma síndrome específica denominada 'neurose de angústia'" (1895c), no qual já nos detivemos anteriormente, mas as observações de Volich destacam outros matizes que quero agora sublinhar.

No artigo supracitado, Freud salienta que a hipocondria aparece vinculada à expectativa angustiada, sintoma nuclear da neurose de angústia que pode se manifestar de várias maneiras; quando se manifesta ligada ao corpo ou à saúde, recebe a designação de hipocondria. A percepção clínica da expectativa angustiada revelou-lhe um aspecto importante da neurose de angústia: existência nesta de "um *quantum de angústia em estado de livre flutuação* [...] [que] está sempre pronto a se ligar a qualquer conteúdo representativo adequado" (Freud, 1895c, p. 94).

Segundo Volich (2002), o que ocorre na hipocondria é a ligação da angústia às inúmeras formas que as fantasias de sofrimento corporal podem assumir. É isso que ele procura sublinhar no artigo de Freud, que tanto a hipocondria como o distúrbio corporal real são modalidades de funcionamento que visam, cada um a seu modo, ligar a excitação e a angústia vividas pelo sujeito:

> As manifestações hipocondríacas guardam, portanto, uma relação particularmente íntima com a angústia, ou seja, com os níveis de excitação no organismo, e com os recursos psíquicos do indivíduo para escoá-la ou ligá-la através das representações. As sensações e as ideias hipocondríacas se prestam desta forma a um outro tipo de atividade representativa, no limite entre o psíquico e o somático, que tem por função justamente preencher uma falha econômica de representação e de ligação da excitação através dos recursos do aparelho mental (p. 87).

Se nos textos iniciais a hipocondria não constituía uma estrutura específica, mas uma manifestação sintomática associada a vários quadros, no artigo sobre Schreber encontramos uma indicação de modificação dessa visão. Em "Notas psicanalíticas sobre um relato autobiográfico de um caso de paranoia" (1911), Freud observa que não considera fidedigna nenhuma teoria da paranoia que não abranja também os sintomas hipocondríacos que invariavelmente a acompanham. E acrescenta a novidade que vai desenvolver alguns anos depois, com mais detalhes, no artigo "Sobre o narcisismo: uma introdução" (1914a): "a hipocondria está para a paranoia, na mesma relação que a neurose de angústia para a histeria" (p. 77). Essas posições são apresentadas de maneira bastante condensada nesse texto, o que seguramente não faz justiça à importância que a hipocondria vai assumir na investigação do conceito de narcisismo, conforme veremos a seguir.

A hipocondria como terceira neurose atual

O conceito de narcisismo resultou em importantes mudanças teóricas na metapsicologia freudiana. Entre as mais importantes, destaco a passagem da primeira à segunda tópica, o desdobramento da primeira teoria pulsional no dualismo entre pulsões de vida e pulsão de morte, o advento da nova teoria da angústia e, no campo da nosografia, a ampliação do modelo criado nos anos 1890. A esse respeito, vale mencionar também a questão do investimento libidinal, outro parâmetro que passou a ser levado em conta na compreensão das manifestações psicopatológicas.

A partir da distinção entre libido narcísica e libido objetal, o grupo das psiconeuroses pôde ser dividido em neuroses de transferência e neuroses narcísicas. As primeiras englobavam a histeria, a neurose obsessiva e a fobia, e eram marcadas de forma dominante por relações objetais satisfatoriamente constituídas, enquanto as neuroses narcísicas eram constituídas pela parafrenia, a paranoia e a melancolia, e sua característica fundamental era o retraimento narcísico da libido.

O grupo das neuroses atuais foi mantido nesse novo modelo, na verdade, foi enriquecido, pois Freud sugere em "Sobre o narcisismo: uma introdução" (1914a) que a hipocondria deve ser considerada terceira neurose atual. Ele já fizera tal proposição, dois anos antes, em "Contribuições a um debate sobre a masturbação" (1912) ao discorrer sobre o "material excitativo" que as neuroses atuais oferecem para o desenvolvimento do sintoma psiconeurótico, ideia que desembocará na célebre metáfora do "grão de areia no centro da pérola", que explorarei em detalhes adiante.

No segundo capítulo do trabalho sobre o narcisismo, Freud adverte o leitor de que dificuldades especiais impediam o estudo direto do fenômeno do narcisismo e que as parafrenias continuavam a ser o principal meio de acesso a esse fenômeno da vida psíquica. Outros meios de abordagem dessa dimensão da vida psíquica permaneciam, contudo, acessíveis: a doença orgânica, a hipocondria e a vida erótica. No caso da doença orgânica, esta mostra claramente como uma pessoa atormentada pela dor ou pelo mal-estar orgânico deixa de se interessar pelo mundo ao seu redor. Freud foca essa eventualidade, observável na vida normal, com as lentes da teoria da libido dizendo que "o homem enfermo retira suas catexias [investimentos] libidinais de volta para seu próprio ego, e as põe para fora novamente quando se recupera" (Freud, 1912, p. 98).

Em comparação com esse tipo de funcionamento psíquico, que tem lugar nas situações de doença orgânica, Freud constata que a hipocondria, também com sensações corpóreas aflitivas e penosas, o conduz à hipótese de que nela também deve ocorrer um desinvestimento libidinal do mundo externo e investimento nos órgãos do corpo. Essa suposição põe por terra a frágil distinção entre doença orgânica e hipocondria, que se baseava na ideia de que na primeira haveria alterações orgânicas demonstráveis que estariam ausentes na segunda. Para ele, a hipocondria devia estar certa, pois "as modificações orgânicas também estão presentes nela" (p. 99), mas que mudanças seriam essas? Seriam da mesma ordem das alterações das doenças orgânicas?

Buscando respostas para essas questões, Freud (1912) percebe que sensações corpóreas desagradáveis, comparáveis às da hipocondria, ocorrem também nas outras neuroses, levando-o a supor que uma pequena dose de hipocondria também estaria presente regularmente nestas. É nesse contexto que ele afirma sua inclinação "a classificar a hipocondria, juntamente com a neurastenia e a neurose de angústia, como uma terceira neurose atual" (p. 99). O que parece se impor nesse momento é a ideia de que o grupo das neuroses atuais, aí incluída a hipocondria, opera como uma espécie de contraponto ao grupo das psiconeuroses.

As mudanças corporais investigadas se encontrariam presentes, portanto, nos dois grupos de neuroses – neuroses atuais e psiconeuroses – e estariam relacionadas à "erogeneidade" dos órgãos. A ideia de um corpo erógeno – de que todas as partes do corpo podem atuar como substitutas dos órgãos genitais – já fora exposta exaustivamente por Freud nos "Três ensaios sobre a teoria da sexualidade" (1905) e remonta aos seus primeiros trabalhos. De fato, no artigo "Algumas considerações para um estudo comparativo das paralisias motoras orgânicas e histéricas" (1893a) não havia ainda sido postulado o conceito de "corpo erógeno", mas nele já é evidente a preocupação de Freud em considerar a existência de uma experiência do corpo que não corresponderia à representação anatômica deste. A concepção de que a histeria seria decorrente de lesões orgânicas do sistema nervoso, dominante na época, foi questionada por Freud a partir do argumento de que tais lesões deveriam ser compreendidas como independentes da anatomia do sistema nervoso: "a histeria se comporta como se a anatomia não existisse, ou como se não tivesse conhecimento desta" (p. 240).

Mais de vinte anos depois, como demonstra o artigo sobre o narcisismo (1914a), Freud pôde entender melhor como ocorrem os sintomas histéricos que não respeitam a anatomia corporal. Se a erogeneidade é característica geral de todos os órgãos do corpo, e não só dos sexuais, qualquer órgão pode sofrer investimento ou desinvestimento libidinal, independentemente da anatomia. É a esse fenômeno que Freud faz alusão quando afirma que uma dose de hipocondria está presente no fundo de toda neurose e, sobre esse ponto, dá o exemplo da neurose de angústia sobre a qual se desenvolve uma histeria. Uma hipocondria na base de toda neurose significa que o corpo todo pode ser objeto de investimento libidinal, a tal ponto e intensidade que mesmo modificações orgânicas podem surgir na ausência de uma doença orgânica propriamente dita.

A noção de narcisismo também possibilitou o entendimento de que a libido pode investir tanto os objetos como o próprio eu, o que até então era inconcebível segundo a primeira teoria pulsional. Freud percebeu que a distribuição da libido entre os objetos e o eu é orientada por uma espécie de balança energética, de modo que cada modificação na erogeneidade dos órgãos pode levar a uma modificação paralela no investimento libidinal no eu.

A hipocondria é, então, incluída no grupo das neuroses atuais nesse contexto complexo em que Freud está postulando a introdução do narcisismo como um novo conceito teórico da metapsicologia. Na verdade, nesse trabalho (Freud, 1914a), preocupado com outras questões, ele pouco reflete sobre o quadro hipocondríaco, dedicando-lhe não mais que quatro parágrafos. A hipocondria somente é citada no texto por se tratar, ao lado das doenças orgânicas e da vida erótica, de uma via de acesso ao fenômeno do narcisismo. No entanto, a meu ver, sua articulação com as demais neuroses atuais abre um fértil caminho que Freud não quer percorrer a fundo nesse momento – possivelmente a mesma trilha que lhe possibilitaria rever a etiologia sexual das neuroses atuais.

O fundo hipocondríaco de toda neurose

A ideia de haver um fundo hipocondríaco em toda neurose, bem como a da distribuição da libido entre os objetos e o eu segundo uma balança energética, conduz Freud a se defrontar com o mesmo problema em relação às outras neuroses atuais, e não somente em relação à hipocondria. Mas, curiosamente, ele avisa que não enveredará por esse caminho, pois não pretende penetrar tanto nas fronteiras da pesquisa fisiológica. Como salienta Volich (2002), essa precaução chama a atenção porque se refere justamente aos destinos da libido nas manifestações psicopatológicas, algo que certamente diz respeito ao registro do psíquico. No entanto, apesar da advertência de que vai parar nesse ponto, Freud (1914), logo depois, fornece algumas pistas sobre a relação das neuroses atuais com outros quadros psicopatológicos:

> [...] podemos suspeitar que a relação da hipocondria com a parafrenia é semelhante à das outras neuroses atuais com a histeria e a neurose obsessiva: podemos desconfiar, vale dizer, que ela está na dependência da libido do ego, assim como as outras estão na da libido objetal, e que a ansiedade hipocondríaca é a contrapartida, enquanto provém da libido do ego, da ansiedade neurótica (p. 100-101).

Não é uma passagem muito clara, mas ele parece indicar aqui, mais uma vez, que não se devem considerar as neuroses atuais e as neuroses de transferência quadros excludentes. Mostra que a diferença entre esses dois grupos de neuroses deve ser buscada, entre outros aspectos, nos investimentos libidinais que estariam em jogo em cada uma delas. Sua hipótese, nesse momento, é que nas neuroses de transferência a formação dos sintomas estaria vinculada ao represamento da libido objetal, ao passo que na hipocondria esse represamento estaria relacionado à libido do eu. Contudo, se a hipocondria não representa apenas um quadro psicopatológico específico, mas está presente também na base dos demais quadros, não seria demasiado inferir que em todos estes pode haver também a presença de elementos relativos ao represamento da libido do eu.

Para entender melhor a relação que Freud estabelece entre as neuroses atuais e as demais neuroses, recuemos um pouco no tempo. Em seus artigos iniciais, ao delinear justamente a oposição entre neuroses atuais e psiconeuroses, ele estabelecera uma correlação entre esses dois grupos, de modo que a cada psiconeurose correspondia uma neurose atual. Isso o levou a pensar que a neurose de angústia seria a neurose atual da histeria, assim como a neurastenia seria a da neurose obsessiva. Em "Sobre os fundamentos para destacar da neurastenia uma síndrome específica denominada 'neurose de angústia'" (1895c), Freud revelou essa visão de modo bastante explícito ao afirmar que "a neurose de angústia é [...] o equivalente somático da histeria" (p. 111). A mesma relação, como *base somática*, foi estabelecida entre a neurastenia e a neurose obsessiva.

No artigo "Contribuições a um debate sobre a masturbação" (1912), Freud faz alusão novamente às neuroses atuais, após longo período sem mencioná-las. Alusão óbvia considerando o título do trabalho, já que ele continua defendendo a posição de que a masturbação tem relação com a neurose de angústia e que seria o principal agente causador da neurastenia. Entretanto, o que me interessa aqui é pontuar o que está, no meu entender, subjacente a essa concepção:

> [...] as duas neuroses atuais [...] fornecem às psiconeuroses a necessária "submissão somática"; elas fornecem o material excitativo, que é então psiquicamente selecionado e recebe um "revestimento psíquico", de maneira que, falando de modo geral, o núcleo do sintoma psiconeurótico – o grão de areia no centro da pérola – é formado de uma manifestação sexual somática (p. 312-313).

Essa metáfora será retomada mais tarde, após o trabalho sobre o narcisismo, na "Conferência XXIV – O estado neurótico comum" (1917a). Após citar as três neuroses atuais – neurastenia, neurose de angústia e hipocondria –, Freud adverte que apenas ocasionalmente elas ocorrem de forma pura: "mais frequentemente [...] estão mescladas umas com as outras e com algum distúrbio psiconeurótico" (p. 454). O fato de ocorrerem misturadas mostra a "notável relação" (p. 455) existente entre os sintomas das neuroses atuais e os das psiconeuroses. Frequentemente o sintoma de uma neurose atual é o núcleo e o primeiro estágio de um sintoma psiconeurótico. É o que ocorre muito claramente entre a neurastenia e a histeria de conversão e entre a neurose de angústia e a histeria de angústia, mas também entre a hipocondria e a parafrenia.

Para exemplificar sua tese, Freud toma como exemplo o caso de uma dor de cabeça histérica em que a análise mostra que esse sintoma, pela condensação e pelo deslocamento, tornou-se uma satisfação substitutiva de fantasias e recordações libidinais, "mas essa dor, em determinada época, era também uma dor real e era, então, um sintoma sexual-tóxico direto, expressão somática de uma excitação libidinal" (p. 455). Ele não afirma que todos os sintomas histéricos contêm um núcleo dessa espécie, mas "que este é, com especial frequência, o caso" (p. 455). Essa constatação o leva novamente a utilizar a metáfora do grão de areia:

"Em tais casos, [as influências somáticas] desempenham o papel do grão de areia que um molusco cobre de camadas de madrepérola" (p. 455).

São várias passagens que indicam, mais uma vez, que as neuroses atuais e as demais neuroses (psiconeuroses de defesas ou neuroses de transferência, dependendo da época) não podem ser pensadas como quadros excludentes. É verdade que Freud se esforça para distingui-las entre si, e que tal distinção está assentada sobre um recorte maior que organiza o próprio campo psicanalítico e o delineamento de suas fronteiras. Na nosografia freudiana inicial, a oposição entre neuroses atuais e psiconeuroses foi fundamental para a constituição da psicanálise, pois indicava o que concernia de fato e de direito ao seu campo de atuação, o que podia ser tratado pela técnica psicanalítica e o que estaria fora de seu alcance. Mas, ao mesmo tempo em que se esforçava para criar e manter a distinção, Freud também estabelecia uma relação estreita entre as neuroses atuais e as outras neuroses.

Assim, a meu ver, dizer que no núcleo do sintoma psiconeurótico há um sintoma somático ou que na base de uma psiconeurose há uma neurose atual, significa considerar que o psiquismo está assentado no corpo, significa conceber a constituição das representações psíquicas como o resultado do impacto das forças pulsionais sobre o aparelho psíquico.

Há mais coisas nas neuroses atuais...

Estabelecidas as três neuroses atuais – neurastenia, neurose de angústia e hipocondria – e delimitado seu campo teórico distinto do das psiconeuroses de defesa (ou neuroses de transferência), vejamos como evoluem as ideias de Freud sobre esses pontos.

Suas considerações sobre as neuroses atuais se tornam muito escassas após o artigo "A sexualidade na etiologia das neuroses" (1898), no qual o termo aparece pela primeira vez, como vimos no início deste capítulo. Não deixa de ser um gesto curioso o fato de o mesmo trabalho que inaugura o termo pelo qual as três neuroses serão conhecidas ser o mesmo que marca a relativa interrupção do seu aparecimento nos textos freudianos. Minha impressão é que o aparecimento do termo encerra um ciclo na elaboração de Freud, que se volta então inevitavelmente para a investigação das psiconeuroses de defesa e dos conceitos e noções que lhe serão correlativos – sexualidade, desejo, recalque, entre outros –, movimento que culminará na elaboração de "A interpretação dos sonhos" (1900) apenas dois anos depois. Sem dúvida, a descoberta da importância da fantasia na estruturação do psiquismo e na produção dos sintomas psiconeuróticos afastou da pena de Freud a preocupação com os sintomas somáticos das neuroses atuais.

Todavia, seu intenso trabalho para avançar no estabelecimento das neuroses de transferência não foi sem consequências para o entendimento das neuroses atuais. Assim, doze anos depois de criar o termo, Freud o menciona novamente em "Psicanálise 'silvestre'" (1910), e de uma maneira absolutamente desconcertante, pois contradiz pela primeira vez o que até então afirmara sobre esses quadros:

> Certos estados nervosos que chamamos de "neuroses atuais", tais como a neurastenia típica e a neurose de angústia simples, obviamente dependem do fator somático da vida sexual,

enquanto não temos, até agora, um quadro nítido do papel neles desempenhado pelo fator psíquico e pela repressão [recalque] (p. 210, grifos meus).

O artigo é uma espécie de trabalho técnico no qual Freud, a partir do relato de uma de suas pacientes sobre a conduta de um médico que consultara, fornece algumas indicações sobre a importância do tempo adequado para a formulação de interpretações. Sem esse manejo, "informar o paciente sobre seu inconsciente redunda, em regra, numa intensificação do conflito nele e numa exacerbação de seus distúrbios" (p. 211), que apenas atrasaria ou mesmo impediria o andamento do tratamento. Ele aborda também no texto a diferença entre a "vida sexual" no sentido popular e a noção de "psicossexualidade" com a qual a psicanálise trabalha. A primeira, explica, significa apenas a relação sexual propriamente dita ou os atos sexuais análogos que levam ao orgasmo, enquanto o sexual no sentido psicanalítico, muito mais abrangente, está relacionado a todas as atividades que têm os impulsos sexuais primitivos como fonte, mesmo quando esses impulsos se tornam inibidos com relação a seu fim sexual original ou esse fim é trocado por outro que não é mais propriamente sexual.

É justamente quando fala dessa diferença que Freud alude às neuroses atuais como estados nervosos que dependem diretamente do fator somático da vida sexual. No entanto, a novidade desconcertante encontra-se aí, ele pondera, na continuação da frase, que apenas aceita essa hipótese até o momento, pois ainda não tem uma ideia nítida do papel desempenhado pelo *fator psíquico* e pelo *recalque* nas neuroses atuais. Ou seja, diferentemente das posições dos anos 1892-1898, parece aceitar agora que tanto o psiquismo como a operação de recalque desempenham algum papel, mesmo que desconhecido até então, na eclosão dessas neuroses.

Já vimos com Laplanche (1998), a partir de sua noção de "fiador psíquico", como a teoria freudiana da neurose de angústia não é uma teoria meramente fisiológica. Porém, nesse trabalho de 1910 é o próprio Freud quem abre essa possibilidade, apesar de não oferecer na continuação do artigo nenhuma pista que auxilie na investigação dessa hipótese.

Outra pequena relativização de seus pontos de vista é encontrada pouco depois em um trabalho que mencionei anteriormente, "Contribuições a um debate sobre a masturbação" (1912). Após apresentar a metáfora do grão de areia em relação ao sintoma somático das neuroses atuais, Freud retoma enfaticamente a ideia de que os sintomas dessas neuroses não podem ser analisados, o que equivale a dizer que sintomas como prisão de ventre, dores de cabeça e fadiga, quando relativos a uma neurose atual, "não admitem serem remontados, histórica ou simbolicamente [...] e não podem ser compreendidos como substitutos da satisfação sexual ou como conciliações entre impulsos instintuais opostos" (p. 314), como ocorre no caso das psiconeuroses. Mas sustenta, de fato, uma posição distinta da anterior:

> [...] admitirei hoje aquilo em que fui incapaz de acreditar anteriormente – que um tratamento analítico pode ter um efeito curativo indireto sobre os sintomas "atuais". Ele pode consegui-lo, ou permitindo que os danos atuais sejam mais bem tolerados, ou capacitando a pessoa doente a escapar destes danos pela efetivação de uma mudança em seu regime sexual (p. 314).

Portanto, ainda que continue a afirmar que os sintomas das neuroses atuais não seriam analisáveis psicanaliticamente, Freud considera que o tratamento analítico poderia ter efeito indireto sobre tais sintomas, de modo a diminuir os danos causados por estes. O tratamento poderia, ainda, capacitar uma mudança no regime sexual do paciente, o que efetivamente teria efeito direto sobre a neurose atual em questão, posto que sua etiologia continuava sendo pensada como inadequação da função sexual. De qualquer maneira, há aqui uma postura diferente da defendida por ele nos primeiros escritos, quando afirmava que o método psicanalítico *nada* poderia fazer com relação às neuroses atuais.

A etiologia e o psiquismo: duas linhas paralelas

Depois de percorrer as figuras das neuroses atuais, uma imagem me auxiliou a compreender sua posição, por vezes contraditória, no percurso freudiano. Impondo-se a mim paulatinamente, essa imagem era composta por duas linhas paralelas, que representavam as duas vias de investigação percorridas por Freud.

A primeira linha diz respeito à etiologia das neuroses atuais e permanece inalterada do começo ao fim da obra, já que Freud não mudou em momento algum sua concepção de que as neuroses atuais seriam causadas por perturbações do coito, sobretudo a masturbação e o *coitus interruptus*. A outra linha está relacionada aos mecanismos psíquicos implicados nas neuroses atuais e é modificada, pouco a pouco, com pequenas observações, breves comentários e reformulações de antigas ideias. Os matizes introduzidos nessa segunda linha, quando lidos em filigrana, colocam em questão a aparente simplicidade que caracterizaria esses quadros.

Os textos iniciais de Freud apresentam uma visão bastante esquemática das neuroses atuais, como se apenas o *plano* desses quadros tivesse sido construído, e não a sua *forma*. Construir o plano é permanecer apenas em uma perspectiva, é olhar o objeto apenas de um lugar, enquanto a construção da forma requer que várias perspectivas sejam levadas em consideração. A hipótese etiológica das neuroses atuais permaneceu apenas no nível do plano, com a função bem determinada e limitada de explicar a origem dos sintomas, e não passou disso. Foi a linha inalterada.

Há um trecho de Freud, em "Um estudo autobiográfico" (1925), em que as duas linhas de investigação podem ser percebidas nitidamente ao mesmo tempo, quando ele lança um olhar retrospectivo sobre o tema das neuroses atuais:

> Desde aquela época não tive oportunidade de voltar à pesquisa das "neuroses atuais", nem essa parte do meu trabalho foi continuada por outro. Se hoje lanço um olhar retrospectivo aos meus primeiros achados, eles me surpreendem como sendo os primeiros delineamentos toscos daquilo que é provavelmente *um assunto muito mais complicado*. Mas no todo ainda me parecem válidos. [...] A fim de evitar concepções errôneas, gostaria de esclarecer que *estou longe de negar a existência de conflitos mentais e de complexos neuróticos na neurastenia*. Tudo que estou afirmando é que os sintomas desses pacientes não são mentalmente determinados ou removíveis pela análise, mas devem ser considerados como

> consequências tóxicas diretas de processos químicos sexuais perturbados (p. 38-39, grifos meus).

Ao afirmar que os sintomas das neuroses atuais são decorrentes de perturbações nos processos sexuais, Freud mantém sua concepção etiológica construída nos textos iniciais dos anos 1890, apesar de não negar que "conflitos mentais" e "complexos neuróticos" estejam presentes na neurastenia. Portanto, é possível perceber aqui, lado a lado, as duas linhas paralelas de investigação, que não se tocam nem se tocarão, pois a relativização que é feita em relação aos mecanismos psíquicos das neuroses atuais não é suficientemente abrangente para alterar sua hipótese etiológica.

Apesar dessa contradição, é possível superar a aparente dicotomia entre as neuroses atuais e as demais neuroses se entendermos que há *distinção*, mas não *oposição* entre ambas. Elas são distintas entre si, mas nem por isso apresentam uma relação de oposição. Seria mais adequado pensarmos em termos de *interação*, como fica claro a partir das passagens de Freud destacadas aqui.

É nesse sentido que Birman (1993) salienta as relações entre as neuroses atuais e as psiconeuroses:

> [...] Freud configura a existência de dois campos clínicos distintos [neuroses atuais e psiconeuroses], fundados em registros teóricos diferentes, mas que estabelecem relações entre si, pois a ordem do corpo e a ordem da representação estão em permanente interação, sendo a pulsão o mediador fundamental dessa passagem (p. 126).

O fato de pertencerem a registros teóricos distintos não impede, portanto, que no plano da manifestação clínica possa ocorrer a passagem de uma neurose atual para uma psiconeurose. Para esse autor, "as psiconeuroses *podem* se estabelecer como modalidades diferenciadas de perlaboração pelo sujeito da experiência traumática produzida pelas neuroses atuais" (p. 126, grifos meus). Ou seja, o sujeito *pode* elaborar a experiência traumática da neurose atual pela evolução do quadro para uma psiconeurose, mas isso é apenas uma possibilidade, não um caminho natural.

Nesse sentido, continua Birman (1993), se considerarmos a articulação dos registros em pauta, haveria ainda duas outras possibilidades. "A primeira é a passagem da ordem do corpo para a ordem da representação não se realizar ou, então, empreender-se de maneira precária" (p. 126), o que significa que o processo de simbolização é o resultado de um trabalho de elaboração não isento de impasses. A hipótese freudiana da pulsão de morte, como mostrarei no próximo capítulo, alude justamente a esses impasses.

A outra possibilidade é a incidência que a ordem da representação pode ter na ordem corporal, o que indica que a passagem entre os dois registros pode se realizar nas duas direções, além de apontar uma via de reflexão importante sobre os efeitos das representações no registro corporal. A partir dessas articulações, é possível inferir que "as neuroses atuais seriam um efeito possível no transcurso das psiconeuroses e expressam as impossibilidades de simbolização para o sujeito" (Birman, 1993, p. 126).

Seguindo essa via, as patologias da atualidade não poderiam ser concebidas como configurações subjetivas nas quais o processo de simbolização se realiza de maneira precária, com variadas expressões sintomáticas que representam diferentes consequências dessa precariedade?

Se as neuroses atuais e as psiconeuroses apresentam uma relação de interação, na qual aquelas evidenciam a estagnação dos processos de simbolização para o sujeito, não seria aceitável supor que as patologias da atualidade ocupam hoje, na psicanálise, o lugar ocupado anteriormente pelas neuroses atuais no discurso freudiano?

A partir de desenvolvimentos teóricos posteriores do percurso freudiano, essas serão as indagações que servirão de norte ao capítulo seguinte.

3
Confluências

Ao longo do primeiro capítulo, mostrei como grande parte dos quadros identificados como patologias da atualidade apresentam dificuldades significativas nos processos psíquicos de simbolização, o que me levou a destacar os mecanismos de descarga da excitação pulsional pela via corporal e pela via da ação, em que há precariedade no trabalho de elaboração psíquica. No segundo capítulo, após a construção de uma cartografia das neuroses atuais na obra freudiana, salientei que a noção de *ausência de elaboração* desempenha papel crucial no seu entendimento.

A partir dessas correlações, foi possível inferir que as neuroses atuais apresentam impressionantes semelhanças, do ponto de vista da produção sintomática, com alguns quadros que se apresentam com crescente frequência na clínica atual.

Percorri duas linhas de investigação distintas – como a imagem que me auxiliou a compreender as neuroses atuais – nos dois capítulos, mas não foram linhas paralelas, já que se tocaram em muitos pontos. Evidenciar a confluência das neuroses atuais com as patologias da atualidade, o que apenas esbocei até agora, será o objetivo central deste terceiro capítulo. Farei isso a partir de conceitos teóricos oriundos do avanço da metapsicologia freudiana, sobretudo o narcisismo e a pulsão de morte, ainda não elaborados por Freud nos anos em que se dedicou às neuroses atuais.

"Algo que falta" como precariedade narcísica

Vimos como as concepções de Freud sobre as neuroses atuais estavam impregnadas da noção de "enfraquecimento psíquico", bastante comum na época, principalmente a partir dos estudos de Beard (Cancina, 2004), que difundiram amplamente a concepção de que a neurastenia era decorrente da debilidade da força nervosa, ideia-chave pela qual ele tentava explicar os sintomas corporais e psíquicos desse quadro.

A noção de enfraquecimento psíquico utilizada por Freud (1892), portanto, não estava muito distante de algumas teorias daquela época. A novidade freudiana era a articulação dessa debilidade com o registro sexual – "não existe nenhuma neurastenia ou neurose análoga sem distúrbio da função sexual" (p. 254) –, articulação que levava em conta fundamentalmente, ao contrário das teorias da época, a *qualidade* do sexual, já que Freud atribuía papel determinante ao psíquico na eclosão das neuroses atuais. Era justamente o enlace entre a tensão física sexual e a libido psíquica que constituía a pedra de toque da teoria freudiana emergente.

Vejamos novamente, para articular com o que virá a seguir, o trecho em que Freud explica o surgimento da angústia em uma neurose atual:

> [...] nessa neurose [neurose de angústia], as coisas se desvirtuam da seguinte maneira: a tensão física aumenta, atinge o nível do limiar em que consegue despertar afeto psíquico, mas, por algum motivo, a conexão psíquica que lhe é oferecida permanece insuficiente: um *afeto sexual* não pode ser formado, porque falta algo nos fatores psíquicos. Por conseguinte, a tensão física, não sendo psiquicamente ligada, é transformada em angústia (Freud, 1894d, p. 273).

O que Freud afirma aqui, flagrantemente, é que por algum motivo a conexão psíquica oferecida à tensão física é insuficiente, e que a *falta de algo* nos fatores psíquicos impede a *ligação psíquica* da tensão. Em nenhum momento, nem então nem depois, será esclarecido em que consiste essa ausência, esse algo que falta, já que os instrumentos teóricos da época não lhe permitiam o aprofundamento da questão, nem ele voltou a esse ponto posteriormente, pelo menos em relação às neuroses atuais. Acredito, no entanto, que o conceito de narcisismo poderá fazer-nos avançar na reflexão sobre essa questão.

Freud utiliza o termo narcisismo pela primeira vez em 1910, em uma nota de rodapé em seu trabalho "Três ensaios sobre a teoria da sexualidade" (1905), para explicar a escolha de objeto nos homossexuais. Estes, "a partir do narcisismo buscaram homens jovens e parecidos com sua própria pessoa, a quem eles devem amar tal como a mãe os amou" (p. 136). Um ano depois, ele propõe, em "Notas psicanalíticas sobre um relato autobiográfico de um caso de paranoia" (1911), a existência de uma fase da libido situada entre o autoerotismo e o amor objetal, denominada narcisismo. Nessa fase, as pulsões sexuais investiriam o próprio sujeito e o próprio corpo como objeto de amor.

Em "Sobre o narcisismo: uma introdução" (1914a), o conceito de narcisismo entra de fato para o conjunto da teoria psicanalítica e passa a desempenhar papel fundamental na metapsicologia, abrindo espaço para a ideia, entre outras, de constituição do eu. É nesse trabalho que Freud salienta que o eu não está presente desde o início, que "uma nova ação psíquica" (p. 99) se faz necessária para sua constituição. Ora, se o eu é uma construção que se dá pelo advento do narcisismo – que depende de várias coordenadas –, certamente há situações em que tal estruturação deve ocorrer de maneira precária. É justamente o que afirma Cardoso (2010):

> [...] a "nova ação psíquica" que é o narcisismo vem agenciar a consolidação dos limites do espaço egoico, processo complexo que supõe a exigência não somente de uma delimitação, mas também de uma harmoniosa flexibilização nessas fronteiras, tanto internas quanto externas. Quando essa "nova ação psíquica" faz-se precariamente, quando as fronteiras narcísicas, egoicas, não delineiam de maneira suficientemente clara ou plástica, o espaço fronteiriço entre o eu e o outro (externo-interno) – espécie de espaço de trânsito entre os dois campos – tende a permanecer demasiadamente estreito (p. 19).

Se esse *espaço de trânsito* entre o eu e o outro tende a permanecer estreito, outros canais de trânsitos poderão também ser prejudicados: entre o mundo interno e o externo, entre o corpo e o psiquismo e entre as próprias instâncias psíquicas. Como o eu é "um fator de ligação dos processos psíquicos" (Laplanche & Pontalis, 1992, p. 124), sua constituição precária terá consequências em todo o psiquismo, que ficará marcado pela dificuldade em ligar as excitações, precisamente sua função principal, como salienta Freud no próprio texto sobre o narcisismo:

> [...] ao nosso aparelho psíquico cabe sobretudo lidar com as excitações que, de outra forma, seriam sentidas como dolorosas ou provocariam efeitos patogênicos. Esse trabalho psíquico que o aparelho realiza presta um inestimável serviço ao escoamento interno de excitações que não podem sofrer remoção imediata para o exterior, ou cuja emoção imediata seria indesejável naquele momento (1914a, p. 106).

A precariedade narcísica diz respeito, portanto, à dificuldade do processo de elaboração psíquica, já que a qualidade desse processo pressupõe que o eu e os demais territórios psíquicos estejam bem delimitados. A constituição das instâncias psíquicas, com o concomitante estabelecimento de suas diferentes fronteiras, não é de modo algum sinônimo de rigidez psíquica, pelo contrário, significa que os limites que as constituem são suficientemente porosos para permitir o trânsito das excitações e das representações entre as barreiras que as separam. Voltaremos a esse ponto, com mais vagar, quando a noção de elaboração psíquica for examinada.

O conceito de eu é amplo e tem várias significações na obra freudiana. Sem a pretensão de abordar toda sua complexidade, vejamos agora muito sucintamente algumas delas, que contribuirão para o entendimento da relação que estou construindo entre as neuroses atuais e o narcisismo.

As faces do eu

O EU COMO REDE DE NEURÔNIOS INVESTIDOS

A primeira é a noção de eu elaborada por Freud no "Projeto para uma psicologia científica" (1895a). Aqui o eu é pensado fundamentalmente como uma organização de neurônios "psi", cuja presença interfere nas passagens de Q – a quantidade, a energia do aparelho –, que estão relacionadas às vivências de satisfação e de dor. O eu é definido a partir de um ponto de vista essencialmente econômico, seja como "uma totalidade [dos investimentos] 'psi' existentes em determinado momento" (p. 437), seja como "uma rede de neurônios [investidos] e bem facilitados entre si" (p. 438). Sua função eminentemente defensiva está relacionada à inibição dos processos psíquicos primários, que consistem na livre propagação da excitação pela rede de neurônios em direção à descarga. Tais processos, quando atenuados pelo eu, darão origem aos processos psíquicos secundários, o que só pode acontecer quando houver um bom investimento do eu. Sem isso, sua função defensiva não é capaz de evitar a *descarga da excitação*. Assim, é a inibição efetuada pelo eu o que evita a descarga na ausência do objeto real e o que vai possibilitar a distinção entre os processos internos e a realidade.

A diferença fundamental entre o processo primário e o secundário é estabelecida pelo modo como Q circula pela rede neuronal: no processo primário, a excitação tende à descarga imediata e total; no secundário, há o retardamento da descarga por uma ação específica. E possível perceber aqui o primeiro esboço da oposição que aparecerá mais tarde entre princípio de prazer e princípio de realidade. De qualquer modo, seja a oposição entre processos primários e secundários, seja a oposição entre princípios de prazer e de realidade, ambas estão assentadas em uma distinção mais fundamental que permeia toda a obra freudiana – a distinção entre energia livre e energia ligada –, crucial para minha hipótese de aproximação entre as neuroses atuais e as patologias contemporâneas. Voltaremos a esse ponto quando falarmos nos dois modos de funcionamento do pulsional.

A noção de ligação está estreitamente vinculada com essa primeira concepção do eu construída por Freud. Como lembra Lejarraga (1996), o próprio eu nesse momento é definido como uma massa de neurônios que mantém fixados, em estado de ligação, seus investimentos:

> A noção de ligação definia-se estreitamente articulada com a noção de eu, como uma relação que se estabelece entre neurônios, formando um sistema que mantém um nível constante de energia e que inibe a descarga (p. 32).

Freud elaborou o "Projeto para uma psicologia científica" no segundo semestre de 1895, na mesma época em que escrevia suas cartas a Fliess e pouco depois da publicação de seu artigo sobre a neurose de angústia. Mostrei no segundo capítulo como essa época foi marcada por um esforço obstinado – visível nos rascunhos, nas cartas e nos trabalhos publicados – para compreender o motivo pelo qual, nas neuroses atuais, a tensão sexual não era ligada psiquicamente. Como um espelho que refletia esse esforço, o "Projeto" já continha a ideia de que o investimento do eu seria fundamental para a transformação da energia livre em energia ligada e do processo primário em secundário. Sem a energia ligada, e sem o processo secundário, as excitações escoariam sem resistência para a descarga total, no limite para o fim do próprio aparelho. Tramitação energética e investimento do eu, portanto, já estavam estreitamente vinculados nesse momento inicial do percurso freudiano.

Quase vinte anos depois, no trabalho "Sobre o narcisismo: uma introdução" (1914a), Freud constrói a segunda acepção do eu que queremos ressaltar:

> [...] estamos destinados a supor que uma unidade comparável ao ego não pode existir no indivíduo desde o começo; o ego tem de ser desenvolvido. Os instintos autoeróticos, contudo, ali se encontram desde o início, sendo, portanto, necessário que *algo* seja adicionado ao autoerotismo – *uma nova ação psíquica* – a fim de provocar o narcisismo (p. 93, grifos meus).

A construção que dará origem ao eu é diretamente abordada aqui, com a introdução da ideia de que uma nova ação psíquica deve propiciar a permanência de um investimento libidinal nisso que virá a ser o próprio eu. Mais que uma fase evolutiva, o narcisismo – a nova ação psíquica – passa a ser a partir desse trabalho de 1914 uma concentração da libido sobre o eu que nenhum investimento de objeto posterior permitirá ultrapassar definitivamente, e que se confunde com a própria constituição do eu.

Publicado nos primeiros meses de 1914, esse texto é um dos trabalhos teóricos mais importantes produzidos por Freud, sendo imprescindível para a compreensão da evolução dos conceitos metapsicológicos. Como disse, o artigo propõe o conceito de narcisismo para evidenciar que o eu também é objeto de investimento pela pulsão sexual, o que tem como consequência a distinção entre uma libido do eu e uma libido do objeto, distinção inexistente até então.

Assim, com a entrada em cena das noções de libido do eu e libido do objeto, o primeiro dualismo pulsional é colocado em xeque. Este se baseava na oposição entre pulsão sexual e pulsão de autoconservação, mas não pôde mais ser sustentado diante da evidência de que o eu também é objeto de investimento. O segundo dualismo pulsional, exposto em 1920, teve aqui um dos seus pontos de apoio.

Para que o eu se constitua como instância, portanto, o sujeito deve ser investido narcisicamente. É esse investimento que possibilitará, no futuro, que o eu desempenhe sua função de mediação dos fatores psíquicos.

O EU COMO INSTÂNCIA

A terceira noção de eu é exposta no ensaio "O ego e o id" (1923), trabalho no qual Freud elabora os conceitos de *eu*, *isso* e *supereu* que constituem a chamada segunda tópica. Na verdade, a nova tópica não substitui a primeira, constituída pelos conceitos de inconsciente, pré-consciente e consciente, mas acrescenta uma espécie de deslocamento ou alargamento temático, uma vez que é possível pensar a primeira tópica inserida na segunda.

A antiga diferenciação entre o eu e o inconsciente é inteiramente revista em "O ego e o id", já que em 1923, devido aos avanços teóricos e clínicos de Freud, não cabe mais a identificação da instância do eu com a consciência ou mesmo com o sistema pré-consciente. De fato, a existência de uma parte inconsciente do eu já fora insinuada alguns anos antes em "Além do princípio de prazer" – "é certo que grande parte do ego é, ela própria, inconsciente, e notavelmente aquilo que podemos descrever como seu núcleo" (1920, p. 33) –, mas é só em 1923 que Freud insiste com veemência na hipótese de que grande parte do eu é inconsciente.

Em "O ego e o id" (1923), o eu é instaurado em um dos polos conflituais do psiquismo e o alargamento de sua noção implica atribuir-lhe diversas funções – controle da motilidade e da percepção, prova de realidade, antecipação, ordenação temporal, pensamento racional etc. –, instituídas de forma mais ou menos adequada nas neuroses clássicas. O eu passa a ser concebido também como um fator de mediação e de ligação dos processos psíquicos e, nesse sentido, esforça-se para levar em conta exigências contraditórias oriundas dos três senhores a que serve, além de ser ameaçado por três perigos: "o mundo externo, a libido do id e a severidade do superego" (p. 73). Além disso, "como criatura fronteiriça, o ego tenta efetuar *mediação* entre o mundo e o id, tornar o id dócil ao mundo e, por meio de sua atividade muscular, fazer o mundo coincidir com os desejos do id" (p. 73, grifos meus).

Assim, se sua função, entre outras, é servir de mediação entre o isso e o mundo externo, o que é colocado em confronto, segundo Garcia-Roza (2001), são os dois princípios reguladores do aparelho psíquico: o princípio de prazer e o princípio de realidade. Nessa encruzilhada em que se encontra, "a questão do ego é a de sua força e de suas fraquezas perante os três 'senhores'; isto é, aquilo com que o ego se defronta é com a possibilidade de ser dominador ou dominado" (p. 208).

Outra ideia fundamental que Freud apresenta ainda em 1923 é a de que "o ego é, primeiro e acima de tudo, um ego corporal; não é simplesmente uma entidade de superfície, mas é, ele próprio, a projeção de uma superfície" (Freud, 1923, p. 40). A articulação do eu com o registro corporal é útil para entendermos a produção sintomática em causa nas neuroses atuais, pois permite a articulação dos sintomas corporais, abundantes nessas neuroses, com a dimensão narcísica.

A recorrência ao narcisismo

Laplanche & Pontalis (1992) afirmam que o termo "atual" nas neuroses atuais exprime, entre outros sentidos, a ausência da *mediação* encontrada na formação dos sintomas das psiconeuroses. Ora, se a função de mediação e de ligação no aparelho psíquico é realizada sobretudo pelo eu, uma estruturação narcísica precária terá reflexos evidentes nessas tarefas.

Assim, são várias as articulações que podemos conceber entre as neuroses atuais – pensadas como quadros em que a ausência de elaboração é marcante – e a noção de narcisismo, com todas as suas derivações teóricas. Como mostrarei a seguir, não constitui novidade essa articulação, nem em relação às neuroses atuais nem em relação às patologias contemporâneas, aliás, também denominadas patologias narcísicas.

Uma hipótese etiológica interessante para as neuroses atuais, com base igualmente nos desdobramentos da teoria freudiana, é formulada por Junqueira & Coelho Jr. (2006), a partir das ideias de Freud sobre as neuroses narcísicas – paranoia e melancolia. Segundo os autores,

> [...] nas neuroses narcísicas [...] a libido regride para fixações muito primárias, da época do narcisismo primário, o que impediria a transferência [...]; nas neuroses atuais [...] o que ocorreria, possivelmente, é a fixação no narcisismo primário e a libido, ou pelo menos boa parte dela, nunca se tornaria objetal (p. 33).

Desse modo, haveria uma espécie de represamento da libido, mas não no eu, pois a libido do eu é proveniente da libido objetal, mas segundo os autores "fora do psiquismo", e seria precisamente isso o que a tornaria traumática. Em que consistiria exatamente esse "fora do psiquismo" (p. 33) não é esclarecido, pelo menos nesse trabalho, mas talvez possamos entender como fora das cadeias de representação, aquém das cadeias de sentido, uma espécie de represamento da libido mais próximo do polo corporal da subjetividade.

Freud já havia formulado uma ideia semelhante em "Sobre o narcisismo: uma introdução" (1914a), quando afirma que as neuroses atuais têm relação com o represamento da libido do eu, assim como as neuroses de transferência estão relacionadas com o represamento da libido objetal.

Sobre a ligação do narcisismo com os quadros clínicos atuais, Green (1988), em seu livro sobre narcisismo de vida e narcisismo de morte, é bastante incisivo:

> [...] se existe uma ligação muito estreita entre o narcisismo e a depressão, como Freud percebeu, parece-me não menos inegável que os problemas do narcisismo encontram-se em primeiro plano [...] na patologia psicossomática e, *last but not least*, nos casos-limites. Uma distinção marcada demais entre estruturas narcisistas e casos-limites resulta somente numa compartimentalização artificial, que a complexidade dos problemas clínicos desmente rapidamente [...] (p. 14).

Tanto o narcisismo se configura como uma noção importante que joga luz na relações entre as neuroses atuais e as patologias da atualidade, que a distinção que poderia ser estabelecida entre "estruturas narcisistas" e "casos-limites" soa por demais artificial para esse autor. Ele salienta que a complexidade da clínica é suficiente para desfazer a pretensão de que esses quadros são absolutamente distintos entre si. Da mesma maneira, Freud insistia na evidência clínica de que normalmente as neuroses apareciam misturadas, e de que geralmente no núcleo de uma psiconeurose havia uma neurose atual.

Assim, recorrer ao narcisismo, ou melhor, à falha na constituição narcísica, para explicar o que ocorre nas patologias contemporâneas, já é lugar-comum, como previne Cardoso (2010):

> O insistente e, muitas vezes, prematuro apelo feito à questão do narcisismo, ao mesmo tempo em que vem auxiliando o entendimento dessa questão, também tem, de alguma forma, promovido o seu obscurecimento. Se a estruturação narcísica revela-se efetivamente falha nos estados limites, não será preciso, então, procurarmos o "x" da questão em outro lugar? De outro modo, teremos que satisfazer-nos em conhecer apenas aquilo que falta, que é falho (p. 19).

Dessa forma, a autora questiona se, em decorrência da precariedade da nova ação psíquica, o funcionamento psíquico não se pautaria de modo dominante por outra lógica, não organizada pela unificação promovida pelo narcisismo. Se este promove a unificação e a inscrição de impressões antes fragmentadas, sua precariedade pode manter o funcionamento psíquico em um regime dominado pelas marcas.

> Estas estão ainda situadas fora do campo da representação, ou seja, das inscrições que supõem uma inserção numa cadeia de significação, regime de ligação das impressões, o que pressupõe a consolidação de uma tópica, resultante, por sua vez, dessa unificação promovida pelo narcisismo (p. 20).

Essa perspectiva permite aproximar, mais uma vez, as patologias contemporâneas das neuroses atuais, já que estas foram definidas por Freud, pelo menos no início de seu percurso, como quadros em que os sintomas não possuíam expressão psíquica. Ou seja, seriam quadros em que o funcionamento psíquico se pautaria predominantemente por um regime de marcas, e não de traços como nas neuroses clássicas. Os traços, contrariamente às marcas, seriam justamente as impressões que se articulariam em cadeias de sentido e possibilitariam a tramitação energética pelo psiquismo. Voltaremos a esse ponto quando abordarmos a noção de elaboração psíquica e os vários níveis de representação no psiquismo.

O excesso pulsional

O que apresentamos até agora como precariedade narcísica, na releitura das neuroses atuais, é apenas um dos lados da problemática relativa a subjetividades que realizam com dificuldade o trabalho de elaboração psíquica, seja no campo das neuroses atuais, seja no das patologias contemporâneas. Em sua resposta às críticas ao artigo sobre a neurose de angústia, Freud (1895d) já enunciava que:

> Se *ocorrerá ou não* uma doença neurótica, depende de um fator quantitativo – da carga total sobre o sistema nervoso, comparada à capacidade de resistência deste. Tudo o que consegue manter esse fator quantitativo abaixo de certo valor limítrofe ou restituí-lo a esse nível tem um efeito terapêutico, já que, assim fazendo, mantém a equação etiológica insatisfeita (p. 131).

O que é enunciado aqui, em parte ainda em linguagem neurológica, é que a neurose depende não apenas de um fator, mas de uma equação etiológica que leva em conta múltiplos fatores, sobretudo o aspecto quantitativo. Assim, apesar da importância deste na eclosão da neurose, a capacidade de resistência do psiquismo também deve ser levada em consideração.

Da mesma maneira, se levarmos em conta apenas a precariedade narcísica como explicação do que ocorre nas neuroses atuais ou nas patologias contemporâneas, empobreceremos a complexa configuração que se apresenta na base desses quadros. Se nas neuroses atuais não há elaboração por "falta de algo" nos fatores psíquicos, o que se impõe é a presença do excesso não elaborado, da dimensão pulsional propriamente dita, noção que não havia ainda sido formulada por Freud nos anos 1890. Portanto, o que permanece como via importante de reflexão é que a precariedade narcísica é apenas parte de uma problemática maior - relativa às neuroses atuais e patologias atuais -, que diz respeito à capacidade do psiquismo para elaborar as excitações provenientes das fontes pulsionais.

Vimos no segundo capítulo que a questão crucial que perpassa as neuroses atuais é a de um excesso que não recebe tradução psíquica, que é descarregado como angústia ou no corpo. Na época, esse excesso era pensado por Freud como "tensão física sexual", que ao não ser descarregada na atividade sexual normal produzia os sintomas. Como sugeri traduzir o "algo que falta" como *precariedade narcísica*, sugiro agora conceber o "excesso de tensão" - das neuroses atuais - como *excesso pulsional*, como pulsão sem representação.

Na teoria da neurose de angústia, a ideia de excesso de tensão física sexual, não ligada psiquicamente, é fundamental para a compreensão de seu mecanismo, no qual a ausência de elaboração é justamente o que provoca a transformação da tensão em angústia. A dimensão quantitativa, portanto, é a base sobre a qual está assentado seu mecanismo, sendo impossível conceber a neurose de angústia sem levar em consideração o acúmulo de tensão na sua origem. Mas a dimensão do excesso já estava presente em outros trabalhos de Freud, por meio de outros termos, e percorreu longo caminho até se desdobrar na dimensão pulsional propriamente dita. Além da tensão física, eram utilizadas noções como "excitação", "soma de excitação", "afeto", "montante de afeto", "quantidade", "energia de investimento" etc. São termos próximos e muitas vezes equivalentes, sem uma clara distinção entre eles. É o que veremos a seguir.

Soma de excitação e carga de afeto

O artigo "As neuropsicoses de defesa" (1894a) representa um esforço de Freud para tentar demarcar o campo entre a histeria e a neurose obsessiva. Tarefa semelhante será efetuada um ano depois, como vimos, em relação à neurastenia e à neurose de angústia com o artigo "Sobre os fundamentos para destacar da neurastenia uma síndrome específica denominada 'neurose de angústia'" (1895c). São dois campos distintos que estão sendo estruturados nesse momento: o das neuroses atuais e o das psiconeuroses de defesa. O artigo sobre as psiconeuroses contém, no penúltimo parágrafo, a seguinte "hipótese de trabalho":

> [...] nas funções mentais, deve-se distinguir algo – uma carga de afeto ou soma de excitação – que possui todas as características de uma quantidade (embora não tenhamos meio de

medi-la) passível de aumento, diminuição, deslocamento e descarga, e que se espalha sobre os traços mnêmicos das representações como uma carga elétrica espalhada pela superfície de um corpo (Freud, 1894a, p. 65).

No apêndice que escreveu a esse artigo, James Strachey (1894) salienta que parece haver equivalência entre os termos "carga de afeto" e "soma de excitação", e se pergunta se Freud estaria utilizando-os como sinônimos. Após analisar usos dos respectivos termos em diferentes contextos, conclui que "os dois termos parecem *não* ser sinônimos" (p. 71), sendo que a carga de afeto seria uma manifestação particular da soma de excitação. A ambiguidade desses termos no artigo de Freud seria explicada pelo interesse, nesse momento, na histeria e na neurose obsessiva, nas quais o afeto desempenha papel central na explicação dos sintomas neuróticos. "Por essa razão, ele [Freud] tendia, nessa época, a descrever a 'quantidade deslocável' como uma carga de afeto, em vez de descrevê-la, em termos mais gerais, como uma excitação [...]" (p. 72).

A distinção entre *soma de excitação* e *carga de afeto* mostra como Freud, desde o início, estava preocupado com a transposição das excitações para o registro psíquico, com o que possibilitava esse processo e com o que o impedia.

Vimos na parte relativa às neuroses atuais como a noção de "afeto sexual" é concebida por Freud como tensão físico-psíquica, no limiar entre o físico e o psíquico. A soma de excitação, ao contrário, não envolve nem a ideia de tradução subjetiva nem a de expressão qualitativa, antes remete à ideia de origem mesma do fator quantitativo. Seria o primeiro nível da energia psíquica, aquele que diz respeito às excitações externas e, sobretudo, internas.

Quando Freud sugere como "hipótese de trabalho", em seu artigo sobre as psiconeuroses de defesa, que há algo nas funções mentais – uma carga de afeto ou soma de excitação – que possui todas as características de uma quantidade, ainda não lhe era clara a distinção entre afeto e excitação, já que eram noções que estavam sendo construídas. Talvez não fosse impróprio, portanto, relacionar a soma de excitação com as neuroses atuais, principalmente com a neurose de angústia, pois é exatamente o acúmulo de excitação – a soma de excitação – que se transforma em angústia, sem sequer chegar ao registro psíquico. Por outro lado, a carga de afeto é a energia que se espalha sobre os traços mnêmicos das representações, é o acúmulo de excitação já com certa elaboração psíquica, logo, diria respeito ao registro psíquico, campo no qual se forjam os sintomas nas psiconeuroses de defesa.

Não estou afirmando que nas neuroses atuais há apenas acúmulo de excitação, e nas psiconeuroses de defesa apenas carga de afeto, pois excitação e afeto estão presentes na constituição de qualquer configuração subjetiva. O que estou salientando é que o mecanismo produtor dos sintomas nas neuroses atuais está relacionado mais diretamente com a soma de excitação, enquanto o mecanismo dos sintomas nas psiconeuroses diz respeito sobretudo à carga de afeto.

O fator econômico já estava presente nos primeiros escritos de Freud, tanto com relação às neuroses atuais como às psiconeuroses de defesa. Sustento, no entanto, que nas primeiras esse fator aparece de maneira mais radical, aquém das representações, sem nenhuma ou com pouquíssima elaboração psíquica. É esse fator quantitativo que retornará com força total na figura da neurose traumática em "Além do princípio de prazer" (1920), no qual Freud expõe pela primeira vez seu segundo modelo pulsional.

Neurose traumática e excesso pulsional

O trabalho "Além do princípio de prazer" (1920) constitui o início do que é conhecido como a "virada dos anos 20". Essa guinada traz à tona aspectos que, presentes em seus textos iniciais, estavam latentes em seu percurso, como o fator quantitativo e a noção de traumático. Ao enveredar pelo caminho das psiconeuroses de defesa no início do século XX, Freud foi levado à construção das neuroses de transferência e à constituição dos campos da sexualidade infantil, das pulsões, do recalque e do inconsciente, o que o levou de certa maneira a excluir a dimensão traumática do centro de suas reflexões.

Vimos como a dimensão quantitativa se fazia fortemente presente nos primeiros textos freudianos por meio de vários termos. Segundo Lejarraga (1996), o ponto de continuidade entre suas primeiras formulações e o retorno da neurose traumática em 1920 se dá justamente pelo fator econômico:

> Quando Freud retoma a teoria do trauma no "Além do princípio do prazer", será o fator quantitativo – as excitações que não se integram – o ponto de continuidade com essas formulações [sobre o fator quantitativo em seus primeiros escritos]. E será esse fator quantitativo, ressignificado a partir da teoria das pulsões, a peça-chave da própria "virada dos anos 20" (p. 19).

O ponto central de "Além do princípio de prazer" é, sem dúvida, o retorno do fator quantitativo para o centro do interesse de Freud. Não é à toa que esse trabalho é iniciado com a afirmação de que uma descrição completa dos processos mentais deve levar em consideração o ponto de vista "econômico" ao lado do "topográfico" e do "dinâmico", e relaciona justamente o ponto de vista econômico com a regulação dos eventos mentais pelo princípio de prazer.

Antes de questionar mais diretamente a hegemonia do princípio de prazer na vida psíquica, Freud explica que:

> Os fatos que nos fizeram acreditar na dominância do princípio de prazer na vida mental encontram também expressão na hipótese de que o aparelho mental se esforça por manter a quantidade de excitação nele presente tão baixa quanto possível, ou, pelo menos, mantê-la constante (1920, p. 19).

E apresenta a seguir algumas circunstâncias, extraídas de sua prática clínica, que são capazes de impedir que o princípio de prazer entre em vigor isoladamente: o princípio de realidade e a clivagem do eu, não obstante essas duas fontes de desprazer, bem como outras experiências desagradáveis, estarem longe de contradizer sua hipótese de prevalência do princípio de prazer.

Em busca de material novo, bem como de novas questões para o que está tratando, Freud se volta para a "neurose traumática", presente no início de sua prática clínica ao lado da histeria. Evidentemente, o que o instiga agora nos anos 1920 são outros quadros clínicos exteriores à neurose propriamente dita, entre os quais a neurose traumática tem grande relevância. Porém, mesmo que seu interesse estivesse focado nos quadros exteriores às neuroses clássicas, o vínculo da neurose traumática com a histeria é lembrado novamente:

> O quadro sintomático apresentado pela neurose traumática aproxima-se do da histeria pela abundância de seus sintomas motores semelhantes; em geral, contudo, ultrapassa-o em seus sinais fortemente acentuados de indisposição subjetiva (no

> que se assemelha à hipocondria ou melancolia), bem como nas provas que fornece de debilitamento e de perturbação muito mais abrangentes e gerais das capacidades mentais (p. 23).

Antes aproximadas pelo papel que o trauma desempenhava em suas respectivas etiologias, agora a neurose traumática e a histeria assemelham-se pelos quadros sintomáticos que apresentam, marcados fortemente pelos sintomas motores. Mas note-se que, em relação aos demais sintomas – indisposição subjetiva, debilitamento e perturbação das capacidades mentais –, a neurose traumática se assemelha mais à hipocondria e à melancolia, justamente uma neurose atual e uma neurose narcísica, respectivamente. Ou seja, após fornecer no início do percurso freudiano um modelo traumático para a etiologia da histeria, a neurose traumática retorna para o centro de suas reflexões com características semelhantes às da neurose atual e da neurose narcísica. Deslizamento curioso – das psiconeuroses de defesa à hipocondria e à melancolia –, mas não aleatório.

A compulsão à repetição

Em "Além do princípio de prazer" (1920), Freud começa a investigar o fato intrigante que está no centro desse trabalho: a compulsão à repetição. Essa ideia já aparecera em "Recordar, repetir, elaborar" (1914b), atrelada às noções de rememoração, repetição diferencial e perlaboração, fenômenos relativos ao processo terapêutico das neuroses de transferência. Nesse texto sobre a técnica, Freud afirma que, como o enlace transferencial atualiza na figura do analista o conflito recalcado, apenas a rememoração não seria suficiente para levar adiante o processo analítico, de modo que o modelo teórico do tratamento deveria levar também em conta a repetição transferencial e a perlaboração.

Então, ao colocar em primeiro plano a compulsão à repetição no trabalho de 1920, Freud está reunindo noções já conhecidas da clínica das neuroses de transferência, mas volta-se para outras em que a repetição aparece de maneira mais radical, não atrelada aos processos de rememoração, repetição transferencial ou perlaboração, como é o caso justamente da neurose traumática. Há nesta uma experiência desagradável que se repete, compulsivamente, sem que seja possível vislumbrar algo da ordem de uma realização de desejo, nem mesmo sob a forma de uma formação de compromisso.

Freud trabalha simultaneamente com duas concepções de repetição que, segundo Uchitel (2011), se configuram da seguinte maneira:

> 1. a partir da repetição dos conteúdos recalcados que aparecem na transferência, [como] tentativas de gratificação e elaboração de situações insatisfatórias e inconclusas, que obedecem ao princípio do prazer, ao desejo, à conservação da ilusão de uma unidade sempre em risco de ser perdida e as pulsões de vida [...] (p. 71-72);
>
> 2. a partir da compulsão repetitiva, repetição a serviço das vivências traumáticas, do transbordamento excitatório, pulsional, que busca ligar a energia e que também, pensamos, se expressa na relação terapêutica, não sob a forma da transferência [...] mas sob a forma do ato [...]. Essa repetição não responde ao princípio do prazer nem à realização do desejo, mas à necessidade primária de controlar o estímulo (p. 71-72).

A concepção da repetição mais radical, mais demoníaca, é enunciada em "Além do princípio de prazer" (1920) quando Freud fala de experiências do passado que não possibilitam nenhuma possibilidade de satisfação "e que, de fato, em nenhum momento teriam proporcionado satisfações prazerosas, nem mesmo para moções pulsionais recalcadas naquela ocasião do passado" (p. 145-46). Essa compulsão à repetição "mais arcaica, mais elementar e mais pulsional do que o princípio de prazer, o qual ela suplanta" (p. 148), está estreitamente articulada à concepção da neurose traumática.

Para teorizar sobre o trauma em novas bases, na tentativa de sair da cilada teórica em que se encontra, Freud incursiona de forma audaciosa nos primeiros estágios de formação da vida com a ideia hipotética da vesícula. Esta possui uma superfície voltada para o mundo exterior como um órgão receptor de excitações externas que, calcinado, funciona como dispositivo protetor contra tais excitações. As experiências traumáticas são produzidas quando o aumento de excitação no meio externo não pode ser contido, e atravessa a barreira de contenção. Diante do estímulo muito intenso, o princípio de prazer fracassa, e outras formas de ação são requeridas para dominar o *excesso*. A compulsão à repetição seria justamente uma tentativa de dominar o excesso de excitação provocado pelo trauma, que "sem poder ser processado pelo acúmulo de energias apega-se ao movimento primitivo da repetição, anterior e independente[mente] ao funcionamento do princípio do prazer" (Uchitel, 2011, p. 66).

São justamente os fenômenos mais radicais de compulsão à repetição que levam Freud a formular sua instigante hipótese da pulsão de morte, já que apresentam um caráter demoníaco de retorno do que não é prazeroso, sem qualquer relação com o prazer ou a realização de desejos. Sua teorização até então não conseguia explicar por que isso ocorria, e foi preciso construir outro modo de pensar a pulsão, no qual esta foi articulada à compulsão à repetição. Essa articulação foi a saída teórica para o impasse; afinal, como lembra Laplanche (*apud* Green et al., 1988, p. 101), "a compulsão à repetição é característica de todo funcionamento pulsional", mas "é mais acentuada quando se trata da pulsão de morte" (p. 101).

Assim, a compulsão à repetição foi a evidência clínica que levou Freud à hipótese da pulsão de morte, não como noção descritiva, mas como conceito explicativo. Segundo Garcia-Roza (1986), a pulsão de morte é uma hipótese metapsicológica e "acha-se indissoluvelmente ligada à *pulsão sexual*" (p. 55), e foi justamente essa dualidade pulsional, acrescida da repetida afirmação do próprio Freud sobre seu modo dualista de pensar, que levou muitos comentadores de sua obra a uma equivocada distinção ontológica entre pulsão de vida e pulsão de morte, como duas entidades distintas. Como alternativa, Garcia-Roza prefere concebê-las como *modos de ser* da pulsão, nos quais a distinção resultaria mais da organização do campo pulsional do que de uma hipotética substancialidade das pulsões.

Dois modos de funcionamento do pulsional

A ideia de Garcia-Roza (1986) é que o que distinguiria a pulsão sexual da pulsão de morte seria o *investimento*. "É enquanto investida num objeto que a pulsão se constitui como pulsão sexual, constituindo por contraposição a pulsão de morte como energia dispersa" (p. 56). Nesse sentido, a inscrição da pulsão no registro da realidade psíquica, através de seus representantes psíquicos, é o que a constitui como sexual, de modo que a pulsão não inscrita seria a pulsão de morte, "a primeira pulsão", como a denominou Freud. Claro que esse é apenas um entendimento teórico da questão, pois o próprio Freud advertiu inúmeras vezes que as pulsões aparecem sempre mescladas e que os fenômenos da vida são compostos pelo intrincamento pulsional. Enquanto as manifestações da pulsão sexual são visíveis e ruidosas, a pulsão de morte só pode ser inferida, pois escapa à detecção direta. É o que Freud, três anos depois de escrever "Além do princípio de prazer", afirma em "O ego e o id" (1923):

> Mas, visto que não podemos fugir a essa concepção [o dualismo pulsional], somos levados a concluir que os instintos de morte [pulsões de morte] são, por sua natureza, mudos, e que o clamor da vida procede, na maior parte, de Eros (p. 62).

Não há, portanto, oposição simétrica entre as pulsões, já que a pulsão de morte não se representa no inconsciente, enquanto a pulsão sexual se inscreve através de seus representantes. A pulsão sexual apresenta-se como "figura", desloca-se, representa-se no psiquismo, ao contrário da pulsão de morte que constitui um "fundo" silencioso de energia dispersa (Garcia-Roza, 1986).

Assim, nessa visão a última concepção de Freud sobre as pulsões, o dualismo Eros-Tanatos, consiste em dois modos de funcionamento do pulsional, como *conjunção* ou *disjunção*. Esse dualismo pode ser pensado como:

> [...] a oposição entre o inscrito, o representado e a energia pulsional que não se representa. O dualismo pulsional

> desdobra-se, portanto, numa nova oposição: Eros corresponde à pulsão representada, à energia ligada; e Tanatos corresponde à pulsão que escapa ao domínio simbólico, à força pulsional sem representação, à energia livre ou desligada (*entbindung*) (Lejarraga, 1996, p. 39).

Retomando a ideia de trauma exposta por Freud em "Além do princípio de prazer" (1920) como uma invasão energética do aparelho psíquico que impede a vigência do princípio de prazer, podemos entender agora o ataque pulsional traumático como a irrupção da energia pulsional não ligada às representações, como a irrupção da própria pulsão de morte.

Na teoria da neurose de angústia a tensão física sexual não conseguia ser processada psiquicamente e se transformava em angústia, como uma excitação não assimilada. A partir da virada de 1920, o algo inassimilável passa a ser a pulsão de morte que não se deixa capturar pelo campo das representações. Ambas as concepções, com um intervalo de 25 anos, indicam a impossibilidade de a energia pulsional se inscrever *completamente* no aparelho psíquico, evidenciando como o registro das representações é o resultado de determinado trabalho psíquico.

Assim, o *excesso*, entendido como inerente à pulsão, é um ponto de articulação precioso entre as neuroses atuais e as patologias da atualidade, pois permite levar em consideração os registros que estão aquém das representações e que se manifestam pela descarga no corpo ou na ação, tão frequentes nestes quadros.

Vimos de várias maneiras como as patologias contemporâneas apresentam dificuldades importantes na atividade representacional, e como as neuroses atuais são caracterizadas fundamentalmente pela ausência de elaboração psíquica – noção sobre a qual muito tenho falado ao longo deste trabalho. Porém, em que consiste exatamente a elaboração psíquica? O que é elaborado? Qual é o trabalho efetuado pelo aparelho psíquico? Quais são as relações entre a elaboração psíquica e as representações? São questões que veremos a seguir.

A elaboração psíquica

A expressão "aparelho psíquico" ressalta uma característica fundamental que Freud atribui ao psiquismo: a transmissão e transformação de determinada energia. Ao longo de sua obra, várias são as passagens nas quais ele expõe essa concepção, como em seu trabalho "Sobre o narcisismo: uma introdução" (1914a), no qual afirma que "ao nosso aparelho psíquico cabe sobretudo lidar com as excitações que, de outra forma, seriam sentidas como dolorosas ou provocariam efeitos patogênicos" (p. 106).

A noção de trabalho psíquico diz respeito justamente ao modo como o aparelho lida com as excitações, de maneira que há estreita proximidade entre essa noção e a de elaboração psíquica. É o que mostram Laplanche & Pontalis (1992) ao definirem elaboração psíquica como uma

> [...] expressão utilizada por Freud para designar, em diversos contextos, o trabalho realizado pelo aparelho psíquico com o fim de dominar as excitações que chegam até ele e cuja acumulação corre o risco de ser patogênica. Este trabalho consiste em integrar as excitações no psiquismo e em estabelecer entre elas conexões associativas (p. 143).

A noção de elaboração psíquica é fundamental na metapsicologia freudiana e teve papel crucial no início do percurso de Freud, quando este construiu o modelo de um psiquismo concebido como uma espécie de máquina que se põe a trabalhar, a partir de várias modalidades de trabalho fundamentais para a vida psíquica. O trabalho do sonho, por exemplo, é a própria essência da atividade onírica, como foi enunciado no capítulo VII de "A interpretação dos sonhos" (1900). Há também o trabalho do luto, fundamental para que a perda do objeto não se transforme em melancolia, ou ainda a perlaboração, trabalho indispensável sem o qual nenhuma análise chega ao fim (Rocha, 2000).

Além das funções de transmissão e transformação da energia, o aparelho psíquico tem a função de capturar a dispersão pulsional. "Se de um lado temos pulsões anárquicas, de outro lado temos o aparato como o lugar da ordem, capturando e transformando as pulsões segundo uma ordem que é a da linguagem" (Garcia-Roza, 1995, p. 251). Mas essa divisão não deve nos fazer pensar que as pulsões e o aparelho surgem em separado; pelo contrário, eles só se constituem um em relação ao outro, simultaneamente, sem que seja possível imaginá-los isoladamente, apesar de se contraporem como duas exterioridades.

Segundo Garcia-Roza (1995), ao capturar o disperso pulsional, transformá-lo e impor-lhe uma ordem, o que resulta dessas operações é a *Vorstellungsrepräsentanz* – uma representação, ou conjunto de representações, investida pulsionalmente. Porém, isso tampouco deve nos levar a pensar que o trabalho ou a elaboração psíquica apenas existe em relação ao registro das representações; pelo contrário, existem vários níveis em que a elaboração pode se dar.

Em seu livro sobre a angústia, Laplanche (1998) chama a atenção para a raiz *labor* – "trabalho" – presente na noção de elaboração (em alemão, *bearbeiten*: trabalhar), o que mostra como elaboração e trabalho estão intimamente articulados. Segundo o autor, a concepção de Freud do aparelho psíquico, presente do início ao fim de sua obra, é a de uma espécie de máquina que efetua determinado trabalho, e há dois esquemas dessa máquina em sua obra. Um deles é apresentado no "Projeto para uma psicologia científica" (1895a), no qual o sistema de neurônios, inteiramente voltado para a tramitação da energia, não somente é uma metáfora neurológica do psiquismo como antecipa em grande parte a concepção freudiana do aparelho psíquico. O outro esquema é encontrado no capítulo VII de "A interpretação dos sonhos" (1900), no qual Freud descreve o "trabalho do sonho" como a criação de uma forma particular de pensamento, possibilitada pelas condições do estado do sono, que se serve do deslocamento e da condensação das intensidades psíquicas.

Laplanche (1998) distingue vários níveis de elaboração psíquica presentes na teoria freudiana. O primeiro é o da "elaboração sob a forma do *afeto* que não implica a ligação a representações, mas simplesmente uma ligação significante a reações somáticas" (p. 32). O segundo nível é o da elaboração que se faz pela "*ligação a representações*, sendo estas mais ou menos suscetíveis, por sua vez, de ser objeto de um certo trabalho psíquico" (p. 32), como ocorre na fixação da angústia em objetos fóbicos, em que pode haver, de acordo com o objeto da fobia, mais ou menos elaboração psíquica. Caso o objeto fóbico seja "genérico" – ele cita a tempestade como ilustração –, há pouca margem para a elaboração em função da banalidade desse objeto. Em contrapartida, há objetos que se inserem na história singular de cada um e só se transformam em objetos fóbicos após relativo trabalho de elaboração.

Há ainda a elaboração que diz respeito à "*ligação de grupos de representações uns aos outros*", como a histeria que, como uma psiconeurose, era causada por um "grupo de representações que se encontra isolado do resto do conteúdo do pensamento e, por isso mesmo, subtraído ao consciente e a uma elaboração ulterior" (p. 33).

Enfim, se há vários níveis de elaboração psíquica, seria interessante perguntar o que exatamente sofre elaboração no aparelho psíquico. Laplanche (1998) vai afirmar que Freud é muito vago sobre esse ponto: "é a quantidade de excitação, um 'X', ou é ainda o que, em outros momentos, ele designa por 'libido'" (p. 30). Mas não é vago em relação ao tipo de trabalho efetuado, definido muito adequadamente pela noção de ligação. "O trabalho consiste em ligar essa energia não diferenciada, esse 'X', de modo que justamente ela deixe de fluir livremente, de maneira mecânica, mas fique ligada a certos conteúdos" (p. 30).

Pode-se perceber então, como as ideias de Laplanche (1998) deixam claro que as noções de ligação e elaboração são estreitamente próximas, muitas vezes usadas como sinônimas:

> A ligação é freio da energia psíquica, da libido, freio estabelecido por meio de representações, e também talvez, em nível menos elaborado, pela ligação com certas reações somáticas que assumem assim um valor significante. A um outro nível ainda, a *Bindung* [ligação] não consiste apenas no fato de a energia encontrar-se ligada – de a pulsão encontrar-se atada a tal ou tal representação, a tal ou tal lembrança de um acontecimento – mas no fato de que também entre essas representações, as quais já são por si mesmas ligações, estabeleceu-se toda uma rede de significações. Portanto, devem-se conceber

> diferentes níveis dessa ligação e dessa elaboração; o nível mais baixo é precisamente aquele onde se coloca *o* problema da angústia e do afeto (p. 30).

Além de evidenciar a semelhança entre os conceitos de ligação e elaboração, essa citação levanta ainda duas questões importantes. A primeira é relativa à inscrição da pulsão no universo representacional, ao fato de a "pulsão encontrar-se atada a tal ou tal representação", o que veremos a seguir; a outra diz respeito à angústia e ao afeto, justamente o nível mais baixo de elaboração psíquica.

Ora, se a angústia "é o afeto menos elaborado e mais próximo da descarga energética pura, [...] é, todavia, suscetível de uma certa elaboração" (Laplanche, 1998, p. 32). É o caso da angústia transformada em sinal, reduzida a seus rudimentos para indicar que algo pode acontecer. O afeto, por sua vez, é concebido de maneira extremamente próxima do somático e "é constituído por um conjunto organizado (e é aí, por certo, que está a ligação de descargas motoras que se somam a uma certa sensação de prazer ou desprazer)" (p. 31); o afeto portanto tem uma certa estrutura significante, o que não quer dizer que seja constituído por representações.

A inscrição da força pulsional

A noção de ligação remete diretamente à questão da inscrição da força pulsional no psiquismo e, nesse sentido, Green (1990b) constrói um modelo extremamente útil para pensarmos como isso se dá. Partindo da ideia de que "todo o problema da pulsão é que se trata de uma excitação que se põe em movimento e transpõe um espaço" (p. 17), ele expõe sua leitura da teoria freudiana a partir da consideração de quatro territórios que compõem seu modelo: o somático, o inconsciente, o consciente e o real. A construção desse modelo se apoia na célebre definição freudiana da pulsão:

> Se agora nos dedicarmos a considerar a vida mental de um ponto de vista biológico, um "instinto" [uma pulsão] nos aparecerá como sendo um conceito situado na fronteira entre o mental e o somático, como o representante psíquico dos estímulos que se originam dentro do organismo e alcançam a mente, como uma medida da exigência feita à mente no sentido de trabalhar em consequência de sua ligação com o corpo (Freud, 1915, p. 142).

Green (1990b) salienta que essa definição é extremamente complexa e articulada, além de incluir a conjunção dos três pontos de vista da metapsicologia: tópico, econômico e dinâmico. O ponto de vista tópico aparece na definição da pulsão como conceito-limite entre o somático e o psíquico, como o que diz respeito a dois territórios distintos; a dimensão dinâmica concerne ao "movimento que nasce no interior do corpo e chega ao psiquismo"; o ponto de vista econômico, por fim, diz respeito à exigência de trabalho que a pulsão representa para o psiquismo.

Extraindo da definição freudiana de pulsão o termo "representante psíquico", o autor tece meticuloso e elucidativo comentário a respeito da noção de "representação" na teoria freudiana. De início, ele chama a atenção para o fato de que no *Vocabulário de psicanálise* (Laplanche & Pontalis, 1992) há nada menos que seis entradas para o termo representação: representante da pulsão (*triebrepräsentanz*), representante psíquico (*psychischerepräsentanz*), representante-representação (*vorstellungrepräsentanz*), representação (*vorstellung*), representação-meta (*zielvorstellung*); representação de coisa (*sachevorstellung*) e representação de palavra (*wortvorstellung*). Apesar de distintos, esses dois últimos estão reunidos em apenas uma entrada. É esse emaranhado de noções que ele tenta organizar com seu modelo composto pelos quatro territórios – somático, inconsciente, consciente e real –, mostrando como uma excitação que nasce no somático pode passar para os demais territórios, e que é justamente esse movimento que constitui os diferentes níveis da elaboração psíquica.

Para exemplificar o que é o representante psíquico da pulsão, Green (1990b) toma como exemplo uma situação simples, relativa à autoconservação do organismo: a sede. Esta é a expressão do desequilíbrio iônico, é o representante psíquico desse desequilíbrio que se origina no território do somático. "Com a excitação endossomática, alguma coisa parte da esfera somática e vem de encontro à barreira somatopsíquica e penetra no psiquismo [...]: é a pulsão" (p. 41). É justamente nesse ponto que a pulsão se situa como conceito-limite entre o psíquico e o somático, como representante psíquico das excitações corporais, exigindo do psiquismo determinado trabalho que o põe em movimento.

O representante psíquico da pulsão, já no psiquismo mas não ainda como representação, é uma tensão, "é a imperiosa expressão de ter satisfação" (p. 42). A exigência de trabalho imposta pela tensão resultará na sua ligação com um objeto que outrora trouxe uma experiência de satisfação, ou seja, uma representação de coisa preexistente no psiquismo. Há, então, a ligação do representante psíquico com a representação de coisa, conjunto que Green define como realização alucinatória do desejo. Tal conjunto dará origem a dois outros componentes do inconsciente: o representante-representação e o afeto. O representante-representação, portanto, é investido de energia pulsional – de "considerável força *econômica, dinâmica* e tópica" (p. 43) – o que explica o caráter dinâmico das representações, seus deslocamentos e suas transformações.

Na passagem para a consciência, há outra barreira no caminho do representante-representação, que é a barreira do pré-consciente. A repressão característica dessa barreira induz condensações e deslocamentos no representante-representação, "obriga-o a trabalhar" (p. 44). Na consciência se dá a passagem para a linguagem, a passagem do sistema primário para o sistema secundário e, além de representações de coisas, há representações de palavras e também o afeto. Green (1990b) chama a atenção, nesse ponto, para o fato de que o único elemento comum entre o sistema inconsciente e o consciente é a representação de coisa, o que justifica sua afirmação de que "o coração da atividade psíquica, seu núcleo mais rico, é a representação de coisa" (p. 45). A representação de coisa consciente, então, é investida da energia presente na representação de coisa inconsciente. Como a linguagem é a junção das representações de palavras com as representações de coisas, isso explica seu caráter pulsional, energético, bem como fornece elementos importantes para pensarmos seu importante papel de ligação nos processos psíquicos.

Retomando agora a ideia de Green (1990b) de que "o problema da pulsão é que se trata de uma excitação que se põe em movimento e transpõe um espaço" (p. 17), podemos entender por que seu modelo dividido em quatro territórios – somático, inconsciente, consciente e real – é extremamente útil para compreendermos os deslocamentos das excitações pelo aparelho psíquico. Como já indiquei no capítulo I, os limites entre esses territórios constituem, eles próprios, outros territórios, que não são uma linha nem uma fronteira, mas um espaço de trocas no qual se produzem transformações. Os espaços de troca são a barreira somatopsíquica – entre o somático e o inconsciente –, o pré-consciente – entre o inconsciente e do consciente – e a barreira do para-excitação – o limite superior do consciente.

As barreiras entre os territórios não apenas possibilitam como induzem a intenso trabalho psíquico de elaboração e ligação das excitações e das representações. A circulação das excitações pelos territórios, em diferentes sentidos e direções, pode dar origem a atos simbólicos ou a reações somáticas, dependendo da elaboração que sofreram e de terem ou não se ligado a representações. É o que evidencia que a representação não é um dado natural do psiquismo, mas o resultado de trabalho psíquico. É justamente esse ponto que leva Green a continuar sua exposição falando da segunda tópica freudiana.

A representação como resultado do trabalho psíquico

O modelo dos quatro territórios foi construído inicialmente em relação à primeira tópica, o que implicava que o início do aparelho psíquico se dava no nível da representação inconsciente. Mas Green (1990b) converteu o modelo para a segunda tópica, de modo que os conceitos de isso, eu e supereu puderam ser articulados com os quatro territórios do modelo. Não houve, na verdade, uma simples substituição da primeira pela segunda tópica, mas uma junção das duas, que possibilitou sua articulação simultânea com os territórios somático, inconsciente, consciente e real. Assim, o que observamos ao contrapor os dois modelos é que:

> [...] na 1ª tópica a pulsão não está integrada no aparelho psíquico, está fora dele; é ao nível da representação inconsciente que começa o aparelho psíquico. Na 2ª tópica, ao contrário, a pulsão é parte integrante do aparelho psíquico. [...] o que é figurável, representável, recua e Freud é obrigado a levar em consideração o infigurável, o irrepresentável [...]. Isso também quer dizer que a representação, tal como Freud a concebe, em 1915, lhe aparece como um dado do aparelho psíquico, enquanto que em 1923 a representação vai aparecer como o resultado de um trabalho (p. 57).

Se o modelo de Green articulado com a primeira tópica não permite ir além de um psiquismo constituído de representações, uma vez que o registro psíquico começa aí justamente ao nível das representações – e a pulsão é situada fora desse registro –, a articulação do seu modelo com a segunda tópica permite conceber um psiquismo em que há espaço para o que está aquém do registro das representações.

A nova tópica do aparelho psíquico construído em "O ego e o id" (Freud, 1923) possibilita pensar a origem da pulsão no isso, o que implica um psiquismo que não se restringe ao registro das representações, diferentemente da primeira tópica, em que o inconsciente é constituído apenas por representações, mesmo que de diferentes formas – inconscientes, pré-conscientes ou conscientes. De fato, a segunda tópica abre espaço para que a força e a dimensão quantitativa da pulsão sejam inseridas no isso, de modo a exigir do psiquismo a produção de sentido pela via da elaboração psíquica. O que está na base dessa concepção é a autonomia da força pulsional em relação ao campo dos representantes psíquicos, que indicam o além das representações e do princípio de prazer.

Se no primeiro dualismo pulsional a representação é uma espécie de dado imediato, quase uma propriedade inata do psiquismo, no segundo ela é o resultado de um *trabalho*, o de ligação da força pulsional com os representantes psíquicos. Se pensarmos no modelo de Green (1990b), composto pelos territórios do soma, do inconsciente, do consciente e do real, em que uma excitação pode partir de qualquer ponto, não há garantia alguma de que seguirá uma única direção, por exemplo, do soma ao consciente. Os filtros entre os territórios podem impedir a passagem da excitação e a ligação aos representantes ou representações, originando, por exemplo, um sintoma psicossomático. Ou, ainda, uma excitação que se manifesta no registro somático pode circundar todo o espaço psíquico e ser descarregada pela via do ato, sem elaboração.

O modelo de Green, em última instância, é um modelo de tratamento do *excesso pulsional*. Se a força da pulsão o coloca em movimento, a resistência de seus diferentes filtros obriga os representantes e as representações ao trabalho contínuo de ligação entre si, constituindo os diferentes registros das representações animadas pela energia pulsional. Como o excesso é inesgotável – está sempre sendo produzido –, também o é o trabalho de elaboração.

O trabalho da pulsão anterior à representação

Fortes (2008) também considera – assim como Birman (2006), como mostrei no primeiro capítulo – que um ponto fundamental no mal-estar contemporâneo é a presença do excesso na constituição sintomática dos sujeitos, dimensão que estava presente justamente nas neuroses atuais. Sobre esse ponto, a autora invoca uma questão levantada por Pontalis (1991): "por que uma das poucas vezes em que Freud utilizou a palavra mal-estar, anteriormente ao texto 'O mal-estar na civilização', de 1930, foi justamente quando descrevia a categoria das neuroses atuais?" (p. 69). Esse autor considera precioso esse fato, pois pode ajudar na compreensão do mal-estar na atualidade:

> [...] Freud só a utiliza [a palavra mal-estar], excetuando-se, é claro, o ensaio aqui abordado ["O mal-estar na civilização"], em duas ou três ocasiões. E o faz a propósito de uma forma de neurose que inclui na categoria das "neuroses atuais" (Pontalis, 1991, p. 23).

Fortes (2008) observa uma alteração no modo de subjetivação da contemporaneidade que aparece no incremento da produção sintomática que diz respeito ao corpo, mais do que ao conflito psíquico. "A noção freudiana de neurose atual indicaria, portanto, um modo de adoecimento psíquico que difere da psiconeurose, cuja organização se dá pela culpabilidade e pelo recalque" (p. 69). Essa diferença em relação às psiconeuroses indica que não há apenas um destino pulsional, assim como não há apenas uma, mas inúmeras formas de padecimento psíquico. Assim, valorizar a neurose atual tem o intuito de apresentar na obra freudiana uma sintomatologia mais ligada à *descarga*, que se atualiza no corpo, afastada das operações de elaboração psíquica.

É nesse sentido que entendo sua proposta de um trabalho psíquico que não seja concebido apenas como simbolização, já que nem toda ligação é desta ordem. Uma sintomatologia mais ligada à dimensão corporal, à descarga, implicaria um trabalho de "dispêndio de energia" que não passaria necessariamente pela representação. Se a representação é uma espécie de suspensão da descarga motora, haveria, então, graus diferentes de descarga que se desdobrariam em destinos psíquicos distintos.

Normalmente se entende que a exigência de trabalho da pulsão seria o trabalho de simbolização, mas isso pressupõe a exterioridade da pulsão em relação ao psiquismo, como se de fora ela pressionasse o aparelho para a tarefa da elaboração psíquica. Mas nesse caso ela não seria psíquica, o que contradiz sua condição limite entre o somático e o psíquico.

Segundo Fortes (2012), o dispêndio de energia que não diz respeito ao registro das representações seria o trabalho de mobilização energética dos sistemas afetados pelo trauma, entendido como excesso pulsional, e constituiria o primeiro nível do trabalho psíquico. "Esta primeira ligação [...] já pode ser considerada um trabalho psíquico que corresponderá a um determinado processo de subjetivação" (p. 116). Assim, a exigência de trabalho que a pulsão faz ao psiquismo não precisa ser entendida exclusivamente como elaboração psíquica, de modo que a noção de "trabalho psíquico pode se abrir para um campo maior de possibilidades, a partir dos níveis de dispêndio energético do circuito pulsional" (p. 117):

> O que a pulsão busca é escoar-se e, neste escoamento, ela pode, ou não, ser amarrada ao simbólico. Se a ligação ocorre, ela se dá casualmente e não como uma finalidade última da pulsão. A pulsão como força é, pois, um empuxo de transbordamento de uma intensidade que se traduz em excesso para o psiquismo. Nesse sentido, a pulsão pode ter diversos destinos, conduzindo estes a diferentes processos de subjetivação (p. 117).

Assim, articular os diferentes destinos da pulsão a distintos processos de subjetivação é uma maneira de não tomar o registro das representações como único princípio ordenador do psiquismo. É essa justamente a advertência feita por Herzog (2011): "pensar a representação psíquica como centro ordenador implica uma normatização, pois é em referência à possibilidade de metaforizar – sentido que se costuma dar a representar – que tudo se passa" (p. 82). Essa autora prefere pensar não em termos de *ordenação*, que pressupõe uma ordem em relação à qual determinado evento ou situação deve se conformar, mas em termos de *organização*, mais ligada à ideia de conformação ou disposição de uma situação ou evento. Concebida em termos de organização, "a representação se mostra como uma das possibilidades [não a única] de dispor os elementos em jogo na dinâmica psíquica" (p. 82). Desse modo, representar é apenas uma das maneiras possíveis para expressar o mal-estar subjetivo, não a única.

Essa dimensão do excesso, aquém do registro das representações, abre caminhos para pensarmos o registro temporal que está em questão nas neuroses atuais e nas patologias contemporâneas.

O tempo do atual: tempo do traumático

Segundo Cardoso (2011), a questão do trauma, na obra de Freud, se desdobra em duas grandes vertentes, com pontos de convergência e divergência. A primeira é a "teoria traumática da neurose", que constituiu a base das psiconeuroses, cuja etiologia era pensada em termos essencialmente traumáticos; a outra, construída bem mais tarde, foi a "teoria da neurose traumática", neurose com sintomas e fundamentos que se contrapõem aos das neuroses propriamente ditas. Justamente por isso a autora pergunta, como salientamos no primeiro capítulo, se a neurose traumática não poderia ser pensada como uma *antineurose*?

O traumático como afluxo que irrompe e ameaça a integridade do eu, concepção presente no entendimento das psiconeuroses de defesa e que constitui a teoria traumática da neurose, não é dissolvido na teoria, pelo contrário, deixa um resto significativo que retorna com força total em 1920. Nessa época, Freud estava interessado nas "patologias marcadas pela ação, no mundo interno, de um pulsional disruptivo, sinalizado pelas defesas de tipo radical e elementar acionadas pela compulsão a repetir, destrutivamente, o mesmo" (p. 71-72). O traumático em 1920 diz respeito ao além do princípio de prazer, à pulsão de morte, diferentemente do trauma concernente às neuroses clássicas:

> O acontecimento traumático – que pode se apresentar ao sujeito, do exterior, como elemento, como impressão intraduzível – poderia funcionar, em casos singulares, como elemento desencadeador, no espaço interno, da irrupção de um pulsional desligado, sem representação ou recalcamento possível, processo correlativo a um estado de desestruturação narcísica (Cardoso, 2011, p. 72).

Como afirma Cardoso (2011), a neurose traumática é uma espécie de desdobramento de algumas ideias apresentadas anteriormente sobre a neurose de angústia. Nesta, sua etiologia é o acúmulo de excitação sexual que se transforma em angústia pela ausência de mediação psíquica: "não podemos inferir que este acúmulo de excitação corresponderia, de fato, a uma insuficiência de elaboração psíquica?" (p. 73).

No modelo da teoria da neurose de angústia, o traumático também é definido como acúmulo de excitação difícil de ser suportado pelo psiquismo. Há, então, uma espécie de retranscrição do que fora enunciado antes, com a diferença de que o excesso de energia resulta do fenômeno da efração, que diz respeito à ampliação de uma brecha pelo excesso de energia.

Para Cardoso (2011), a dimensão da *atualidade*, no caso da neurose de angústia, aparece na forma como Freud insiste no caráter permanente e insistente da angústia que aí se apresenta, semelhante em muitos aspectos à ação daquilo que aparecerá mais tarde como compulsão à repetição. "A compulsão à repetição, como destino do traumático, destino aquém da representação, não corresponderia, igualmente, a uma retomada, na teoria freudiana, do registro do *atual*?" (p. 74), com o sentido adicional de uma presentificação permanente.

Assim, renovada com a noção de compulsão à repetição, a dimensão do atual, antes atrelada de modo restrito à questão apenas da etiologia das neuroses atuais, adquire notável densidade. Quando é situada no cerne da compulsão à repetição, diz respeito às impressões e elementos que não conseguem se tornar passado, diz respeito à impossibilidade de historicização, o que ocasiona respostas pela via do ato, "resposta fixada, portanto, no registro do 'atual' posto que repetidamente presentificada" (p. 75):

> Quando o aparelho psíquico é atingido por quantidades excessivas de energia pulsional (sem ligação), defesas arcaicas são acionadas como tentativa extrema de manutenção da vida psíquica. Não há aqui o que recordar, somente o que repetir (p. 75).

A memória traumática tem caráter literal – repete o mesmo – e é imemorável, já que nela o passado é presente. É o avesso de uma memória representacional, pois insiste em "presentificar", em "apresentar" o elemento traumático, não passível de representação.

Seria possível comparar essa memória traumática, que só repete o mesmo, alheia ao registro da história, com as neuroses atuais, em que os sintomas não se constituíam dentro de um quadro de referência histórico, em que não possuíam ligação com o passado de cada sujeito?

Nessa linha de indagação, Knobloch (1998), em instigante trabalho intitulado *O tempo do traumático*, afirma que "a neurose atual é aquela que desafia a teoria da lembrança" (p. 138). Da mesma maneira, as patologias atuais, diferentemente das histéricas tratadas por Freud, sofreriam da ausência de reminiscências, sofreriam "daquilo que não pode ser representado: sua dor é a dor irrepresentável" (p. 116). Para esclarecer essas afirmações, bem como o que entende por "tempo do traumático" e sua relação com as patologias contemporâneas, a autora desdobra o presente em três tipos: o presente vulgar, o presente cronificado e o presente absoluto.

O presente vulgar, também chamado de presente banal, é o da flecha do tempo, que se constitui pela sucessão do antes, do agora e do depois. É o tempo da história, a partir do qual os outros tempos podem se demarcar. É ainda o tempo que pode ser apreendido, pois é possível encaixá-lo em uma série, manipulá-lo, representá-lo em uma história. É o tempo nosso dos dias que se sucedem.

O presente cronificado, por sua vez, é aquele congelado, mumificado, "do qual uma das moradas é a melancolia" (p. 118). É um presente que parece viver eternamente, que não se inclina para o passado nem se projeta no futuro.

Relaciona-se com a melancolia pela impossibilidade de morte e de perda, afinal a vida do melancólico não parece ter outro assunto que não seja o morto que não morre, que não pode ser enterrado, o qual ele tenta vencer pela raiva e pela crueldade, em uma tentativa de congelar o próprio tempo. "Esse presente congelado, assim eternizado, provoca dores, dores de uma antiperda que produz uma vida que não pode ser vivida" (p. 118).

O terceiro presente, enfim, é o presente absoluto, o da "mostração", que não pode ser apreendido em uma representação. É o tempo que não é apreensível, que apenas apresenta. Nesse registro do presente, o sujeito não se representa, apresenta; não significa: é. É um tempo irrepresentável, do sentido feito coisa, do mais além do inconsciente.

É fácil perceber qual modalidade de presente a autora relaciona ao tempo do traumático, este que "não se temporaliza numa série, é um tempo onde o fascínio é o da ausência de tempo" (p. 123):

> O traumático é esse instante que interrompe a continuidade dos presentes, abre na história a dimensão do acontecimento, introduz na cadeia do representável o irrepresentável e, tal como um clarão, deixa aparecer o morrer (p. 133).

Apoiada na noção de traumático como o que diz respeito ao irrepresentável e questionando a ideia de que o trabalho psíquico passa, essencialmente, pela possibilidade de representar, Knobloch (1998) investiga aquelas situações que rompem com o mundo representacional, definidas como "situações de crise". Estas, que rompem com os sistemas de representação, não poderiam ser inscritas em outros sistemas que permitissem outras formas de elaboração que não dependessem exclusivamente do registro das representações? Os quadros de desestruturação subjetiva desafiam a teoria da lembrança da ordem da representação, cadenciada pelos registros do passado, do presente e do futuro, justamente porque se pautam por outra temporalidade, da ordem do irrepresentável.

É essa a proposta de Uchitel (2011), para quem "o indiscutível, depois do impacto traumático, não é a presença da neurose traumática, mas de um *estado traumático*, no qual se apresentam as características atribuídas à neurose traumática" (p. 201). Tal estado depende, em última instância, "do momento do desenvolvimento do sujeito em que este acontece e da relação entre impacto e defesa" (p. 201), e é essa relação que pode originar diferentes quadros. A saída propriamente neurótica consegue integrar no psiquismo o trauma por meio de cadeias de sentido, fantasias, sintomas simbólicos e defesas como o recalque. Já o estado traumático mostraria o "verdadeiro" caráter traumático, em que o trauma não é assimilado nem integrado aos demais conteúdos psíquicos, de modo que seu impacto insuportável paralisa o eu, isolando o acontecimento e impedindo sua metabolização pela saída da representação. Dessa forma, "[...] sempre e em qualquer psiquismo, estarão presentes aspectos traumáticos irrepresentáveis (que são motor da compulsão à repetição) que também exigem um trabalho" (p. 202).

A autora salienta o fato que, até o fim de seus escritos, Freud não conseguiu incluir sem reservas a neurose traumática no campo das neuroses, mas também não a descartou, o que revela o lugar paradoxal que essa neurose ocupou na nosografia freudiana, quase em oposição às neuroses clássicas. É nesse contexto que ela sugere cuidado para não estabelecer uma dicotomia entre uma "clínica do trauma" – "do irrepresentável" ou "da dissociação" – e uma "clínica da representação" ou "do recalque", apesar de cada patologia mostrar sua dinâmica própria e seus mecanismos prevalentes. Em suas palavras, devemos "considerar em todo psiquismo os aspectos traumáticos não representáveis e aspectos inscritos que conseguiram uma representação" (p. 203).

Nesse sentido, o conceito de fixação é útil para compreendermos o que acontece ao psiquismo no estado traumático. A fixação ao trauma é uma rica ilustração de um aparelho psíquico que, embora empenhado no prazer e na constância, se fixa em um modo de funcionamento que mantém a repetição desprazerosa e o excesso. A concepção freudiana da fixação é, segundo Laplanche & Pontalis (1992), concebida de maneira muito realista: "trata-se de uma verdadeira inscrição (*niederschrift*) de traços em séries de sistemas mnésicos, traços que podem ser 'traduzidos' de um sistema para outro" (p. 192). Nesse contexto, o estado traumático é o que impede as transcrições, de modo que "a liquidação das excitações não acontece, produzindo-se uma sobrevaloração do acontecimento pelo acúmulo das excitações da vivência" (Uchitel, 2011, p. 67-68). A libido não flui, fica presa no trauma, sem mobilidade, associando-se quase por inteiro à cena traumática. Como não flui, não se desprende e não consegue efetuar novas ligações ou investimentos.

Neuroses atuais e patologias atuais: "o grão de areia no centro da pérola"

Como mostrei no segundo capítulo, Freud utilizou duas vezes a metáfora do grão de areia no centro da pérola, quando se referia às neuroses atuais, para ilustrar sua concepção de que o núcleo do sintoma psiconeurótico – sintoma psíquico – era formado por um sintoma somático. A ideia subjacente a essa concepção é que o sintoma psíquico seria uma espécie de revestimento de um material excitatório localizado no corpo, como a pérola é constituída por camadas de madrepérola ao redor do grão de areia.

Essa articulação não aconteceria sempre, mas com especial frequência, o que evidencia a importância da noção de neuroses mistas para o entendimento da relação entre as neuroses atuais e as psiconeuroses. Para Freud, dificilmente as neuroses se manifestavam clinicamente de forma isolada, de modo que na base de uma psiconeurose normalmente havia uma neurose atual. Na "Conferência XXVI: A teoria da libido e o narcisismo" (1917b), a respeito da relação entre as neuroses de transferência e as neuroses narcísicas, Freud afirma que "as semelhanças [entre elas] vão muito longe; no fundo, o campo de fenômenos é o mesmo" (p. 492). Essa afirmação talvez possa ser estendida à articulação entre neuroses atuais e psiconeuroses.

Em "La perle et le grain de sable", Press (1999) utiliza uma palavra usada por Freud em relação aos sonhos – umbigo – para nomear uma zona incognoscível na qual o psíquico teria sua fonte. Nesse lugar, força e sentido seriam um elemento só e apenas o fator econômico se manifestaria. Seria uma espécie de "ponto alpha" do psiquismo, um lugar virtual a partir do qual este poderia advir sob o impacto da descontinuidade dos cuidados maternos. Seria, então, um local semelhante ao "umbigo do sonho" do qual fala Freud: um ponto de contato com o desconhecido, insondável e obscuro, constituído por uma trama particularmente cerrada da qual brota o desejo que o anima (Freud, 1900).

Esse ponto alpha constituiria, em toda etapa de desenvolvimento do psiquismo, uma espécie de "núcleo quantitativo", sempre pronto a atualizar-se nas desorganizações psicossomáticas, o que faria do trauma um elemento integrante do funcionamento psíquico, e não um evento que impor-se-ia a partir do exterior. É essa concepção que leva Press (1999) a afirmar que em toda excitação intolerável há um "fundo traumático" – um grão de areia – que constitui essa zona incognoscível do psiquismo, que poderá ou não ser revestido pelas camadas de sentido.

Na "Conferência XXXI: Ansiedade e vida instintual" (1933), em que retoma algumas das ideias sobre a angústia desenvolvidas no trabalho "Inibições, sintomas e ansiedade" (1926), Freud define momento traumático como "um estado de excitação marcadamente intensa, que é sentida como desprazer e que não é possível dominar descarregando-a" (p. 117), sendo que o surgimento da angústia nas neuroses de transferência está diretamente associado à repetição desse fenômeno. Logo após essa afirmação, Freud faz uma de suas últimas alusões às neuroses atuais em sua obra. Ele afirma que não apenas nas neuroses de transferência a angústia surge em decorrência de uma situação traumática, mas também na neurose de angústia:

> As repressões [recalques] primeiras e originais [nas neuroses de transferência] surgem diretamente de momentos traumáticos, quando o ego enfrenta uma exigência libidinal excessivamente grande [...]. O mesmo pode aplicar-se à geração da ansiedade [angústia] na neurose de angústia, devida a prejuízo somático causado à função sexual. *Não mais sustentaremos ser a libido que é transformada em ansiedade* [*angústia*], *em tais casos*" (1933, p. 118-119, grifos meus).

Esse trecho é o abandono definitivo do último vestígio da teoria da neurose de angústia, segundo a qual a angústia era decorrente da função sexual inadequada. Mesmo nessa neurose, o surgimento da angústia passa a ser concebido por Freud como decorrência de uma situação traumática, no caso a excitação intensa e não consumada que, em vez de se transformar em angústia, serve de alerta para o eu, que a produz. Freud já havia estabelecido, em "Inibições, sintomas e ansiedade" (1926), um vínculo entre as neuroses traumáticas e as neuroses atuais, ao afirmar que "a análise das neuroses de guerra traumáticas – expressão que, incidentalmente, abrange grande variedade de perturbações – provavelmente teria revelado que grande número delas possui algumas características das neuroses 'atuais'" (p. 165-166).

Tanto a surpreendente retificação da teoria da neurose de angústia, como o estabelecimento nesse momento de uma associação importante entre as neuroses traumáticas e as neuroses atuais, estão alicerçados no remanejamento que Freud efetuou em sua forma de conceber o surgimento da angústia – a "reviravolta" de 1926 –, exposto no texto supracitado.

A primeira teoria da angústia, fundada nas observações sobre as neuroses atuais, é uma teoria meramente econômica, pois pressupõe que a angústia é ou energia sexual não elaborada ou libido desligada de suas representações, especialmente pelo processo do recalque.

A segunda teoria é mais complexa, apesar de levar em conta o fator econômico também, pois é construída em torno de duas coordenadas essenciais, ausentes da primeira: a noção de perigo e o eu. Com efeito, nessa concepção é o próprio eu que, diante de uma situação que ele considera perigosa – traumática –, produz a angústia como defesa, que passa, então, a ser concebida por Freud de duas maneiras fundamentais: como angústia automática e como angústia sinal. A primeira é uma angústia desenfreada e invasiva que invade o aparelho psíquico de forma abrupta, oriunda diretamente da vida pulsional, impossível de ser elaborada pelo aparelho psíquico e que paralisa o eu; a segunda é a resposta deste à ameaça da ocorrência de uma situação traumática, sendo o eu, portanto, sede e origem da angústia.

Entender o surgimento da angústia de outra forma possibilitou a Freud aproximar a neurose traumática das neuroses atuais. Apesar de manter sua ideia de dano somático à esfera sexual, pela ocorrência de uma excitação sexual não consumada, a angústia não decorre diretamente dessa tensão, e sim surge no eu como resposta ao estado de excitação intensa. É uma mudança sutil, mas que traz para o primeiro plano o papel do eu na produção da angústia, e o mecanismo passa a ser o mesmo das neuroses traumáticas, em que o violento e abrupto afluxo de excitações torna inoperante o princípio do prazer.

É dessa maneira que podemos entender o *atual* em questão nas neuroses atuais e nas patologias da atualidade. Ambas dizem respeito a um fundo traumático que resiste à historicização, à entrada nas cadeias de sentido, ao ingresso no universo das representações, como se instaurassem um regime de tempo paradoxal cuja característica é a não passagem do tempo.

Em ambas também encontramos atuando mecanismos psíquicos mais elementares, próximos do registro corporal e da ação, o que mostra a precariedade dos seus mecanismos de elaboração psíquica. É claro que há vários níveis de elaboração, como vimos, mas é indiscutível que a elaboração que passa pelo registro das representações está seriamente prejudicada nesses quadros.

Freud considerava as neuroses atuais intratáveis pelo método psicanalítico, já que seus sintomas não remetiam ao passado, assim como as patologias de hoje exigem mudanças na técnica psicanalítica clássica. Green (1974) escreveu que seria plausível pensar que os estados limites desempenham na clínica moderna o papel que as neuroses atuais desempenharam na teoria freudiana, justamente por representarem um limite à analisabilidade. A meu ver, as neuroses atuais e as patologias contemporâneas representam, além desse limite, outros: o limite entre o somático e o psíquico, o limite das representações, o limite da teoria e do campo psicanalítico, o limite da clínica.

Pontalis (1974), em um pequeno comentário sobre um texto de Fairbairn sobre a esquizoidia, alude ao fato de que Freud construiu duas metáforas, nunca completamente integradas, para pensarmos o aparelho psíquico. A primeira, encontrada mais explicitamente no "Projeto para uma psicologia científica" (1895a) e em "A interpretação dos sonhos" (1900), é dominante e propõe um aparelho constituído como uma de rede de neurônios ou de representações, na qual a energia e os afetos circulam pelas cadeias associativas sem extrapolar os limites da rede. A segunda metáfora é apresentada em "Além do princípio de prazer" (1920) e propõe a célebre imagem da vesícula viva ameaçada pelo afluxo traumático de excitações desligadas, que se protege criando uma crosta endurecida amortecedora dos impactos. O modelo da vesícula seria a metáfora de um psiquismo em vias de constituição, que poderia ou não originar o modelo da rede, no qual o princípio do prazer pode regular o fluxo das excitações.

As psiconeuroses de defesa, as neuroses de transferência e as neuroses clássicas diriam respeito à primeira metáfora, pois são quadros em que o aparelho psíquico já está constituído, operando no registro das representações e revestindo o corpo com cadeias de sentido. As neuroses atuais, as neuroses traumáticas e as patologias da atualidade corresponderiam à segunda, pois representam quadros em que a rede de representações e de sentido está precariamente tecida, deixando o corpo descoberto frente ao impacto das pulsões.

Assim, as neuroses atuais e as patologias da atualidade, através do século que as separa, representam os impasses que se impõem aos sujeitos no trabalho de elaboração do excesso que os constitui, tarefa que se coloca para todos, porém com especial radicalidade para esses modos de subjetivação.

Considerações finais

Após três capítulos em que busquei dar forma à inquietação que originou esta obra, é chegado o momento de retomarmos um pouco o percurso. Instigado pelo que se apresentava no registro da clínica na contemporaneidade, procurei no início do percurso freudiano elementos que me auxiliassem no entendimento dos impasses teóricos e clínicos atuais, pensando que talvez os impasses com os quais Freud se defrontou para constituir a psicanálise pudessem jogar luz sobre os desafios clínicos contemporâneos.

O percurso freudiano, a meu ver, não é uniforme em muitas de suas linhas de investigação, embora apresente pontos que se mantêm constantes. Não só há uma série de descontinuidades que o perpassa, e dá origem a novos encadeamentos teóricos, como há elementos que oscilam e permitem sua releitura em outros contextos. As neuroses atuais seguramente apresentam pontos de fuga nesse sentido, que possibilitam sua retomada com novas coordenadas teóricas, além de conter também pelo menos um traço que permanece inalterado – sua hipótese etiológica.

Como disse, foram os desafios e impasses da clínica contemporânea que impeliram minha busca pelos textos iniciais de Freud, assim como a sensação frustrante de que os instrumentos tradicionais da psicanálise pouco tinham de efetividade frente a organizações subjetivas marcadas por ausência de conflito psíquico, sentimentos paralisantes de vazio, múltiplos sintomas corporais, dificuldades marcantes para investigação do passado, compulsões de variadas formas e passagens ao ato repetitivas. Eram sintomas, encontrados na clínica diária, que se misturavam de diversas maneiras, geralmente em torno de uma angústia que resistia a qualquer tentativa de tradução psíquica, e que muitas vezes formavam um quadro de difícil abordagem denominado "síndrome do pânico" pelos próprios pacientes.

Antes do início desta pesquisa, a leitura do artigo sobre a neurose de angústia (Freud, 1895c) surpreendeu-me pela atualidade e exatidão de suas descrições, como se os sintomas arrolados por Freud como compondo essa neurose correspondessem passo a passo aos sintomas apresentados pelos sujeitos com a tal "síndrome do pânico" de hoje. A abertura propiciada pelo artigo de Freud instigou-me a buscar outros trabalhos dessa época, sobretudo os que versavam sobre as *neuroses atuais*. Acrescentaram-se então à neurose de angústia a neurastenia e a hipocondria, o que só aumentou minha sensação de que esses trabalhos iniciais eram perpassados por uma intuição teórica que continha elementos importantes para o enfrentamento teórico e clínico do que se apresentava como desafio na clínica contemporânea.

Assim, com o intuito de articular as neuroses atuais com as patologias da atualidade, dividi este trabalho em três capítulos: patologias atuais, neuroses atuais e confluências entre ambas.

No primeiro capítulo, tracei um breve panorama sobre o que se apresenta no registro da clínica na atualidade, partindo da constatação de que tem aumentado vertiginosamente, nas últimas décadas, a frequência com que surgem nos consultórios – públicos ou privados – as organizações subjetivas que não se pautam mais pelo funcionamento neurótico tradicional. Isso indica que houve nesse período mudança substancial nos processos de subjetivação, cujo reflexo podemos vislumbrar nas atuais demandas de tratamento, já que a clínica se configura como uma espécie de espelho que reflete o contexto cultural no qual está inserida. Não abordei, ao longo do capítulo, nem no restante do texto, as complexas questões culturais que estão por trás dessas mudanças, restringindo meu recorte ao que se processou no registro clínico, pois tal abordagem superaria em muito os limites deste trabalho.

Efetuei ainda um segundo recorte, já que a mudança em pauta na demanda clínica pode ser analisada de várias perspectivas, dependendo da orientação teórica que se adote. Nesse sentido, a noção de *limite* foi fundamental no estabelecimento do enfoque que organiza o capítulo, dividido em tópicos que exploram as várias perspectivas abertas por essa noção, tanto em seu sentido genérico como no teórico. Assim, iniciamos o capítulo mostrando como o termo *limite* ou *fronteira* foi usado inicialmente para indicar a existência de configurações subjetivas que se situavam em uma região de fronteira entre a neurose e a psicose, de acordo com os trabalhos de Stern (1938) e Deutsch (1943) nas décadas de 1930 e 1940, que evidenciaram ainda como os impasses clínicos atuais já inquietavam os psicanalistas daquela época. Mostramos também como essa problemática inicial se desdobrou em duas grandes orientações: a anglo-saxônica, que concebe os quadros *borderline* como uma estrutura clínica específica e estável, e a francesa que, como mostra a utilização do termo "estados limites" nessa tradição, não correlaciona esses quadros a nenhuma estrutura específica, antes os pensa como reveladores de uma dimensão da vida psíquica que pode estar presente na estruturação de qualquer sujeito.

A problemática dos estados limites permitiu-me compreender que os quadros atuais dizem respeito, no fundo, aos próprios processos de constituição psíquica, pois para o estabelecimento pleno do aparelho psíquico é fundamental que se estabeleçam também vários níveis de organização marcados por limites e fronteiras entre as várias instâncias psíquicas. Foi o que me permitiu pensar também, auxiliado pelo trabalho de autores que se debruçam sobre o tema, que as "novas patologias" representam quadros cuja organização psíquica não se pauta prioritariamente pelo funcionamento neurótico tradicional, configurando-se como *não neuroses* ou *antineuroses*.

Apesar de encontrarmos em todo psiquismo os espaços do irrepresentável, o funcionamento neurótico clássico supõe que o registro representacional esteja bem estabelecido, configurando-se como um espaço importante de elaboração psíquica. Aqueles quadros em que o registro das representações está reduzido apontam para outro limite – o das representações –, o que me levou a articular as "novas patologias" à dificuldade ou incapacidade de representar, característica que implica importante diminuição nas capacidades subjetivas de elaboração psíquica.

Salientei em várias passagens que há diferentes níveis de elaboração psíquica, mas isso não exclui a importância do campo das representações na tarefa de ligação da energia pulsional, de modo que a redução na capacidade de representar tem como consequência uma diminuição nas possibilidades de elaboração. Dessa maneira, mostrei como a outra face da dificuldade de representar é a presença insistente do *excesso* nas subjetividades contemporâneas, pois, sem a mediação exercida pela simbolização, o psiquismo fica entregue à força pulsional paralisante, que lhe dificulta o exercício do papel de espaço intermediário entre o corpo e o mundo.

Como o incremento do excesso tem o seu limite, quando não é elaborado pela via das representações é descarregado pela via corporal ou pela via da ação, constituindo os dois polos fundamentais das manifestações sintomáticas das patologias atuais: o corpo e as compulsões. O que me interessou destacar nesse ponto foi que, na base desses sintomas, determinando-os, há uma espécie de curto-circuito na cadeia psíquica que conduz a simbolização, acarretando o desvio da excitação pulsional para o corpo ou para o ato.

Foi esse percurso que me possibilitou salientar a abertura teórica que o termo "atual" propicia ao adjetivar as patologias contemporâneas, afinal a polissemia desse termo, em relação às patologias atuais, conduz aos sentidos de atualidade – presente no tempo – e de ato – presente em ato. Se o encadeamento das representações articula-se ao tempo histórico, mesmo quando o fenômeno do *après-coup* possibilita uma subversão da flecha do tempo, a precariedade da capacidade de representar contrai o registro temporal ao tempo do presente. O resultado desse processo é que, nas patologias atuais, as manifestações sintomáticas preponderantes se fazem pela via do ato – no corpo ou na ação –, em que há uma espécie de exclusão do tempo histórico.

Estabelecidos esses dois recortes em relação ao campo clínico contemporâneo, retrocedi, no segundo capítulo, à última década do século XIX – os anos 1890 –, quando Freud iniciava seu percurso de constituição da psicanálise a partir do estabelecimento das primeiras categorias clínicas psicanalíticas. O fio de investigação que segui aí me foi dado pelos textos – cartas, manuscritos e artigos –, que continham material sobre as neuroses atuais, caminho que permitiu a construção de uma cartografia dessas neuroses.

Nessa década, Freud trabalhava com dois grandes grupos de investigação teórica: as neuroses atuais e as psiconeuroses de defesa. As primeiras lhe interessavam, pois mostravam de maneira explícita, segundo seu entendimento, a origem sexual das neuroses, enquanto as psiconeuroses lhe ofereciam amplo campo de investigação terapêutica e novas possibilidades teóricas. Foi justamente o aprofundamento de suas investigações em torno das psiconeuroses de defesa que retirou as neuroses atuais do centro de seu interesse. Como mostrei, Freud só utilizou o termo "neuroses atuais" em 1898, apesar de ter investigado profundamente a neurastenia e a neurose de angústia nos anos anteriores. Foi como se a criação do termo que doravante as denominaria encerrasse um ciclo em sua produção, que se voltaria então para a investigação do grupo das psiconeuroses de defesa, tendo em "A interpretação dos sonhos" (1900) um dos pontos de chegada desse percurso.

O termo "atual", com relação às neuroses atuais, indicava que sua causa provinha do momento presente da vida do paciente, mais precisamente do regime atual de sua vida sexual. Da mesma maneira, os sintomas apresentados não permitiam uma explicação que remontasse ao passado, já que seu sentido se esgotava no presente. Na concepção freudiana desses anos, as neuroses atuais nada mais eram que a expressão somática da libido não utilizada.

Foi nesse contexto que salientei como a problemática do *excesso*, articulada às construções teóricas na base das neuroses atuais, constituía um interesse fundamental de Freud. Como se dava a passagem do físico ao psíquico, do corpo ao psiquismo, das excitações às representações? Eram essas as suas indagações principais nessa época em que realizava em seu percurso teórico a passagem das concepções neurológicas às concepções psicológicas ou psicanalíticas. As neuroses atuais correspondiam justamente às situações nas quais a transposição do registro físico para o psíquico não era possível, de modo que o excesso não elaborado psiquicamente produzia debilitamento, angústia e sintomas físicos.

O grosso da produção freudiana sobre as neuroses atuais situou-se nos anos 1890, mas a introdução da hipocondria como terceira neurose atual só ocorreu de fato em 1914 no trabalho sobre o narcisismo, apesar da proximidade que aquele quadro sempre teve com as neuroses atuais. As novas possibilidades teóricas abertas pela noção de narcisismo indicavam a articulação entre o registro corporal, como corpo erógeno, e a hipocondria. Esta passou a ser entendida não somente como a terceira neurose atual, mas também como uma espécie de fundo que havia em toda neurose. Essa intuição já estava presente nos textos dos anos 1890, porém, a partir da introdução do narcisismo, Freud pôde pensar em outro patamar teórico acerca da base somática que as neuroses atuais ofereciam às demais neuroses.

Encerrei o segundo capítulo mostrando como, com relação às neuroses atuais, Freud seguiu por duas linhas paralelas de investigação. A primeira continha sua hipótese etiológica – jamais alterada – de que essas neuroses eram causadas por uma vida sexual inadequada; a segunda abarcava suas ideias sobre os mecanismos psíquicos que de fato estavam em jogo nas neuroses atuais, e foram se modificando à medida que ele percebia, nessas neuroses, mais complexidade que supunha de início. A questão que permanece instigante é: por que Freud manteve sua hipótese etiológica intacta? Como sua própria compreensão de que as neuroses atuais apresentavam também sua complexidade não foi capaz de alterar sua hipótese? Mesmo quando, em 1926, altera sua teoria da angústia, e adverte que sua concepção de que na neurose de angústia a libido é transformada em angústia não é mais sustentável, ele mantém sua ideia de "prejuízo somático causado à função sexual" (Freud, 1926, p. 119).

Independentemente da resposta a essas questões, procurei mostrar, ao longo do capítulo, que há relações de *distinção* e de *interação* entre as neuroses atuais e as psiconeuroses. A concepção de Freud de que normalmente as neuroses se manifestam por formas mistas alude justamente a isso. Assim, o fato de as neuroses atuais serem quadros nos quais estão em ação mecanismos psíquicos mais elementares, como a angústia automática e as somatizações – enquanto nas psiconeuroses se manifestam sintomas mais ligados ao registro simbólico –, não exclui a possibilidade de esses sintomas se manifestarem de forma conjunta.

No terceiro capítulo efetuei uma releitura das neuroses atuais, utilizando como operadores principais duas noções provenientes de desenvolvimentos teóricos posteriores aos anos 1890: o *narcisismo* e o *excesso pulsional*. A ideia de Freud de que na neurose de angústia faltava nos fatores psíquicos algo cuja falta impedia a ligação psíquica da tensão física, pareceu-me uma intuição teórica daquilo que mais tarde brotaria em sua obra com a noção de narcisismo. Foi nesse sentido que procurei mostrar a importância da constituição narcísica para a tramitação das excitações ao longo do aparelho psíquico, bem como o papel fundamental desempenhado pelo eu, através de suas várias faces, nesse processo.

Mostrei como o fator econômico estava presente nos primeiros escritos de Freud por meio de vários termos, tanto com relação às neuroses atuais como às psiconeuroses, mas aparecia de modo mais radical nas neuroses atuais, pois nestas dizia respeito a uma tensão que não havia ingressado ainda no registro psíquico, que permanecia no registro somático como um excesso bruto, sem qualquer trabalho elaborativo.

Como as neuroses atuais e as psiconeuroses de defesa constituíam dois grupos distintos, essa dimensão econômica mais radical foi deixada de lado quando o interesse teórico de Freud se voltou para o campo das psiconeuroses. O fator econômico foi incorporado ao registro das representações, como demonstra a concepção de aparelho psíquico esboçada no capítulo VII de "A interpretação dos sonhos" (1900), em que as excitações psíquicas passaram a alimentar um psiquismo constituído como uma máquina desejante.

Entendo que a dimensão "atual" das neuroses atuais as excluiu do avanço teórico propiciado pelas novas descobertas freudianas, sobretudo quando aplicada à etiologia, já que Freud relativizou posteriormente alguns de seus pontos de vista sobre os mecanismos implicados em tais neuroses. Entretanto, o fator econômico mais radical, que não ingressava no psiquismo, após ser excluído juntamente com as neuroses atuais, ressurgiu com força total pela figura da pulsão de morte na virada de 1920. Foi esse ressurgimento que me permitiu reler o excesso de tensão física como excesso pulsional, como um excesso que pode ou não se ligar às representações.

Assim, foi a figura da neurose traumática que herdou a potência da dimensão econômica presente no início do percurso freudiano, quando fora tangenciada pelas neuroses atuais. Analisando com cuidado tal desdobramento, vemos que a problemática em pauta é a mesma, a de um aparelho psíquico às voltas com a tarefa de ligar o excesso de excitações, não obstante as diferentes concepções teóricas que lhe são subjacentes.

A última concepção de *trauma* em Freud – um estado de excitação intenso, desprazeroso e impossível de ser dominado (Freud, 1933) – torna evidente como a ligação é uma tarefa fundamental do aparelho psíquico, sem a qual não haveria sequer sua constituição. Foi nesse sentido que dediquei especial atenção aos vários níveis de ligação que perpassam a teoria freudiana, não apenas aquele que se relaciona ao registro das representações, sobretudo para não eleger determinado nível como normatizador dos demais, mesmo cuidado que tive com a noção de elaboração psíquica.

Na verdade, as noções de ligação, elaboração e trabalho são muito próximas entre si e correspondem a uma dimensão que percorre toda a obra freudiana, dando origem a diferentes noções e conceitos. A constituição do aparelho psíquico é correlata da contenção da dispersão pulsional, de modo que não seria correto dizer que o aparelho é o que contém a energia, mas sim que é o que resulta dessa contenção (Garcia-Roza, 1986). Então, a ideia de que o psiquismo, na sua origem, é o resultado da contenção da dispersão pulsional, desdobra-se em outras dicotomias que aludem ao mesmo processo: energia livre e energia ligada, processo primário e processo secundário, pulsão de morte e pulsão de vida etc. Também incluí nessa série as neuroses atuais e as psiconeuroses de defesa, já que as primeiras corresponderiam a manifestações sintomáticas na esfera somática, não ligadas psiquicamente, ao passo que as segundas apresentariam sintomas com expressões psíquicas. Abordar os vários níveis de ligação e a ideia de que há um trabalho anterior ao registro da representação foi uma maneira de superar essa lógica binária, articulando-os a diferentes processos de subjetivação.

O reaparecimento do trauma em 1920 trouxe à tona os elementos que haviam saído de cena junto com as neuroses atuais, que diziam respeito a essa dimensão do psíquico que resiste a se integrar ao registro das representações. Mostrei de que maneira a compulsão à repetição, como tentativa de ligar o excesso traumático, pode instaurar um regime de tempo em que a dimensão do presente se avoluma. Assim, em 1920 não só há o retorno do trauma como também o retorno da dimensão de atualidade.

A clínica contemporânea, no que tange às patologias atuais, muitas vezes é definida como "clínica do traumático" ou "clínica do irrepresentável", ou ainda como "clínica do pulsional". Na base dessas definições está o reconhecimento de que grande parte do trabalho clínico de hoje leva em consideração aspectos que não eram considerados na técnica analítica clássica – na "clínica do representável".

Se lançarmos agora um olhar retrospectivo à obra freudiana, podemos dizer que o percurso de elaboração teórica que vai de "A interpretação dos sonhos" (1900) a "Além do princípio de prazer" (1920) corresponde, *grosso modo*, a uma espécie de primado da representação, quando foram construídas a primeira tópica e a primeira teoria pulsional, nas quais o inconsciente e a pulsão sexual estavam circunscritos ao campo da representação. Os anos 1890 e os posteriores a 1920 estão respectivamente aquém e além desse primado, representados pelas figuras emblemáticas das neuroses atuais e da neurose traumática, em que o excesso pulsional não está articulado às representações e corresponde à face mais arcaica e elementar da vida psíquica, configurando-se como um fundo traumático de toda subjetividade.

Podemos tomar a ideia de Freud de que nas neuroses atuais havia um excesso de tensão física não ligada psiquicamente como uma metáfora dessa base traumática, assim como sua concepção do trauma como efração dos limites do eu. Acredito que, de modo similar, é a mesma base traumática que está em questão nas patologias atuais.

Agora, já no fim, posso dizer que as concepções de Freud sobre as neuroses atuais foram de fato as "pérolas" que extraí ao longo deste percurso. A meu ver, representaram um momento de grande intuição teórica e clínica de Freud, obscurecido pela limitação de suas hipóteses etiológicas, mas que oferecem, assim como a neurose traumática, elementos fundamentais para o enfrentamento dos desafios da clínica contemporânea.

Referências bibliográficas

ANDRÉ, J. O objeto único. *Cadernos de Psicanálise* SPCRJ, v. 15, n. 18, pp. 67-85, 1999.

BIRMAN, J. *Ensaios de teoria psicanalítica*. Rio de Janeiro: Jorge Zahar, 1993.

_____. O cuidado de si no futuro da psicanálise. In: ALONSO, A. & ARAUJO, R. (Org.) *O futuro da psicanálise*. Rio de Janeiro: Rios Ambiciosos, 2002. pp. 47-67.

_____. Subjetividades contemporâneas. In: *Arquivos do mal-estar e da resistência*. Rio de Janeiro: Civilização Brasileira, 2006.

CANCINA, P. H. *Fadiga crônica – neurastenia*: as doenças da atualidade. Rio de Janeiro: Companhia de Freud, 2004.

CARDOSO, M. R. A servidão ao "outro" nos estados limites. In: REZENDE, M. & GARCIA, C. *Entre o eu e o outro*: espaços fronteiriços. Curitiba: Juruá, 2010.

_____. Das neuroses atuais às neuroses traumáticas: continuidade e ruptura. In: *Revista Latinoamericana de Psicopatologia Fundamental*, v. 14, n. 1, pp. 70-82, mar./2011.

DEUTSCH, H. (1943) Algunas formas de trastorno emocional y su relación con la esquizofrenia. *Revista chilena de psicoanálisis*, v. 9, pp. 9-19, mar./1992.

FERNANDES, M. H. Entre a alteridade e a ausência: o corpo em Freud e sua função na escuta do analista. *Percurso*, n. 29, pp. 51-64, 2/2002.

_____. As relações entre o psíquico e o somático: o

corpo na clínica psicanalítica. In: GARCIA, C. A. & CARDOSO, M. R. (Org.) *Limites da clínica, clínica dos limites*. Rio de Janeiro: Companhia de Freud/ FAPERJ, 2011.

FERRAZ, F. C. Das neuroses atuais à psicossomática. In: _____. & VOLICH, R. M. (Org.) *Psicossoma I*: psicanálise e psicossomática. São Paulo: Pearson Clinical Brasil, 1997. pp. 25-40.

FIGUEIREDO, L. C. O caso-limite e as sabotagens do prazer. In: *Psicanálise*: elementos para a clínica contemporânea. São Paulo: Escuta, 2008.

FORTES, I. A dimensão do excesso no sofrimento contemporâneo. *Pulsional*, ano 21, n. 3, pp. 63-74, set./2008.

_____. *Dor psíquica*. Rio de Janeiro: Companhia de Freud, 2012.

FREUD, S. (1892) Rascunho A. *Edição Standard Brasileira das Obras Psicológicas Completas de Sigmund Freud* (*E.S.B.*) Rio de Janeiro: Imago, 1986; v. I.

_____. (1893a) Algumas considerações para um estudo comparativo das paralisias motoras orgânicas e histéricas. *Op. cit.*, v. I.

_____. (1893b) Rascunho B. *Op. cit.*, v. I.

_____. (1893c) Carta 14. *Op. cit.*, v. I.

_____. (1894a) As neuropsicoses de defesa. *Op. cit.*, v. III.

_____. (1894b) Rascunho D. *Op. cit.*, v. I.

_____. (1894c) Carta 18. *Op. cit.*, v. I.

_____. (1894d) Rascunho E. *Op. cit.*, v. I.

_____. (1894e) Rascunho F. *Op. cit.*, v. I.

_____. (1894f) Carta 21. *Op. cit.*, v. I.

_____. (1895a) Projeto para uma psicologia científica. *Op. cit.*, v. I.

_____. (1895b) Rascunho G. *Op. cit.*, v. I.

_____. (1895c) Sobre os fundamentos para destacar da neurastenia uma síndrome específica denominada “neurose de angústia”. *Op. cit.*, v. III.

_____. (1895d) Resposta às críticas a meu artigo sobre a neurose de angústia. *Op. cit.*, v. III.

_____. (1896a) Observações adicionais sobre as neuropsicoses de defesa. *Op. cit.*, v. III.

_____. (1896b) A etiologia da histeria. *Op. cit.*, v. III.

_____. (1896c) Rascunho K. *Op. cit.* v. I.

______. (1897) Carta 69. *Op. cit.* v. I.

______. (1898) A sexualidade na etiologia das neuroses. *Op. cit.*, v. III.

______. (1900) A interpretação dos sonhos. *Op. cit.*, v. IV e V.

______. (1905) Três ensaios sobre a teoria da sexualidade. *Op. cit.*, v. VII.

______. (1910) Psicanálise "silvestre". *Op. cit.*, v. XI.

______. (1911) Notas psicanalíticas sobre um relato autobiográfico de um caso de paranoia. *Op. cit.*, v. XII.

______. (1912) Contribuições a um debate sobre a masturbação. *Op. cit.*, v. XII.

______. (1914a) Sobre o narcisismo: uma introdução. *Op. cit.*, v. XIV.

______. (1914b) Recordar, repetir, elaborar. *Op. cit.*, v. XII.

______. (1915) O instinto e suas vicissitudes. *Op. cit.*, v. XIV.

______. (1917a) Conferência XXIV: O estado neurótico comum. Conferências introdutórias sobre psicanálise. *Op. cit.*, v. XVI.

______. (1917b) Conferência XXVI: A teoria da libido e o narcisismo. Conferências introdutórias sobre psicanálise. *Op. cit.*, v. XVI.

______. (1917c) Luto e melancolia. *Op. cit.*, v. XIV.

______. (1920) Além do princípio de prazer. *Op. cit.*, v. XVIII.

______. (1923) O ego e o id. *Op. cit.*, v. XIX.

______. (1925) Um estudo autobiográfico. *Op. cit.*, v. XX.

______. (1926) Inibições, sintomas e ansiedade. *Op. cit.*, v. XX.

______. (1933) Conferência XXXI: Ansiedade e vida instintual. Novas conferências introdutórias sobre psicanálise. *Op. cit.*, v. XXII.

GARCIA, C. A. Os estados limites e o trabalho do negativo: uma contribuição de A. Green para a clínica contemporânea. In: CARDOSO, M. R. & GARCIA, C. A. (Org.) *Entre o eu e o outro*: espaços fronteiriços. Curitiba: Juruá, 2010.

GARCIA-ROZA, L. A. *Acaso e repetição em psicanálise*: uma introdução à teoria das pulsões. Rio de Janeiro: Jorge Zahar, 1986.

______. *Artigos de metapsicologia*. Rio de Janeiro: Jorge Zahar, 1995.

______. *Freud e o inconsciente*. Rio de Janeiro: Jorge Zahar, 2001.

GREEN, A. Répétition, différence, réplication. *Revue française de psychanalyse*, n. 34, v. 3, pp. 460-501, 1970.

______. L'analyste, la symbolization et l'absence

dans le cadre analytique. *Nouvelle Revue de Psychanalyse*, n. 10, pp. 225-258, 1974.

______. *Narcisismo de vida, narcisismo de morte*. São Paulo: Escuta, 1988.

______. *La folie privée*: psychanalyse des cas-limites. Paris: Gallimard, 1990a.

______. *Conferências brasileiras de André Green*: metapsicologia dos limites. Rio de Janeiro: Imago, 1990b.

______. *Idées directrices pour une psychanalyse contemporaine*. Paris: PUF, 2002.

______. Anexo 3: seminário sobre o trabalho do negativo. In: *O trabalho do negativo*. Porto Alegre: Artmed, 2010.

______. et al. *A pulsão de morte*. São Paulo: Escuta, 1988.

HERZOG, R. Os limites da representação psíquica. In: GARCIA, C. & CARDOSO, M. R. (Org.) *Limites da clínica, clínica dos limites*. Rio de Janeiro: Companhia de Freud/FAPERJ, 2011.

JUNQUEIRA, C. & COELHO JR. Freud e as neuroses atuais: as primeiras observações psicanalíticas dos quadros *borderline*? *Psicologia Clínica*, v. 18, n. 2, pp. 25-35, 2006.

KERNBERG, O. *Borderline conditions and pathological narcissism*. New York: Jason Aronson, 1976.

KNOBLOCH, F. *O tempo do traumático*. São Paulo: EDUC, 1998.

KRISTEVA, J. *As novas doenças da alma*. Rio de Janeiro: Rocco, 2002.

LAPLANCHE, J. *Problemáticas I*: a angústia. São Paulo: Martins Fontes, 1998.

______. & PONTALIS, J.-B. *Vocabulário da psicanálise*. São Paulo: Martins Fontes, 1992.

LEJARRAGA, A. L. *O trauma e seus destinos*. Rio de Janeiro: Revinter, 1996.

MAYER, H. Passagem ao ato, clínica psicanalítica e contemporaneidade. In: CARDOSO, M. R. (Org.) *Adolescência*: reflexões psicanalíticas. Rio de Janeiro: NAU/FAPERJ, 2001.

MCDOUGALL, J. O anti-analisando em análise. In: *Em defesa de uma certa anormalidade*: teoria e clínica psicanalítica. Porto Alegre: Artes Médicas, 1983.

______. *Teatros do corpo*: o psicossoma em psicanálise. São Paulo: Martins Fontes, 1991.

MINERBO, M. *Neurose e não neurose*. São Paulo: Pearson Clinical Brasil, 2009.

PEREIRA, M. E. C. *Contribuição à psicopatologia dos ataques de pânico*. São Paulo: Lemos, 1997.

PONTALIS, J.-B. A propos de Fairbairn: le psychisme comme double métaphore du corps. *Nouvelle revue de psychanalyse*, n. 10, pp. 56-59, 1974.

______. Achar-se ou perder-se no negativo. In: *Perder de vista*: da fantasia de recuperação do objeto perdido. Rio de Janeiro: Jorge Zahar, 1991.

PRESS, J. *La perle et le grain de sable*: traumatisme et fonctionnement mental. Paris: Lausanne, Delachaux et Niestlé, 1999.

ROCHA, Z. *Os destinos da angústia na psicanálise freudiana*. São Paulo: Escuta, 2000.

ROUSSILLON, R. A economia do ato. In: *Paradoxos e situações limites da psicanálise*. São Leopoldo: Unisinos, 2006.

SAVIETTO, B. B. *Adolescência*: ato e atualidade. Dissertação de Mestrado no Programa de Pós-Graduação em Teoria Psicanalítica. Rio de Janeiro: UFRJ/IP, 2006.

STERN, A. (1938) Investigação psicanalítica e terapia do grupo de neuroses limítrofes. *Revista Latinoamericana de Psicopatologia Fundamental*, v. II, n. 2, pp. 159-176, 1999.

STRACHEY, J. Apêndice. In: FREUD, S. (1894). As neuropsicoses de defesa. *Edição Standard Brasileira das Obras Psicológicas Completas de Sigmund Freud (E.S.B.)* Rio de Janeiro: Imago, 1986; v. III.

UCHITEL, M. *Neurose traumática*: uma revisão crítica do conceito de trauma. São Paulo: Pearson Clinical Brasil, 2011.

VILLA, F. C. & CARDOSO, M. R. A questão das fronteiras nos estados limites. In: CARDOSO, M. R. (Org.) *Limites*. São Paulo: Escuta, 2004.

VOLICH, R. M. *Hipocondria*: impasses da alma, desafios do corpo. São Paulo: Pearson Clinical Brasil, 2002.

WIDLÖCHER, D. Les concepts d'état limite. In: PICHOT, P. (Org.) *Actualité de la schizofrénie*. Paris: PUF, 1981.

Coleção Clínica Psicanalítica
Títulos publicados

Perversão
Flávio Carvalho Ferraz

Psicossomática
Rubens Marcelo Volich

Emergências psiquiátricas
Alexandra Sterian

Borderline
Mauro Hegenberg

Depressão
Daniel Delouya

Paranoia
Renata Udler Cromberg

Psicopatia
Sidney Kiyoshi Shine

Problemáticas da identidade sexual
José Carlos Garcia

Anomia
Marilucia Melo Meireles

Distúrbios do sono
Nayra Cesaro Penha Ganhito

Neurose traumática
Myriam Uchitel

Autismo
Ana Elizabeth Cavalcanti, Paulina Schmidtbauer Rocha

Esquizofrenia
Alexandra Sterian

Morte
Maria Elisa Pessoa Labaki

Cena incestuosa
Renata Udler Cromberg

Fobia
Aline Camargo Gurfinkel

Estresse
Maria Auxiliadora de A. C. Arantes, Maria José Femenias Vieira

Normopatia
Flávio Carvalho Ferraz

Hipocondria
Rubens Marcelo Volich

Epistemopatia
Daniel Delouya

Tatuagem e marcas corporais
Ana Costa

Corpo
Maria Helena Fernandes

Adoção
Gina Khafif Levinzon

Transtornos da excreção
Marcia Porto Ferreira

Psicoterapia breve
Mauro Hegenberg

Infertilidade e reprodução assistida
Marina Ribeiro

Histeria
Silvia Leonor Alonso, Mario Pablo Fuks

Ressentimento
Maria Rita Kehl

Demências
Delia Catullo Goldfarb

Violência
Maria Laurinda Ribeiro de Souza

Clínica da exclusão
Maria Cristina Poli

Disfunções sexuais
Cassandra Pereira França

Tempo e ato na perversão
Flávio Carvalho Ferraz

Transtornos alimentares
Maria Helena Fernandes

Psicoterapia de casal
Purificacion Barcia Gomes, Ieda Porchat

Consultas terapêuticas
Maria Ivone Accioly Lins

Neurose obsessiva
Rubia Delorenzo

Adolescência
Tiago Corbisier Matheus

Complexo de Édipo
Nora B. Susmanscky de Miguelez

Trama do olhar
Edilene Freire de Queiroz

Desafios para a técnica psicanalítica
José Carlos Garcia

Linguagens e pensamento
Nelson da Silva Junior

Término de análise
Yeda Alcide Saigh

Problemas de linguagem
Maria Laura Wey Märtz

Desamparo
Lucianne Sant'Anna de Menezes

Transexualidades
Paulo Roberto Ceccarelli

Narcisismo e vínculos
Lucía Barbero Fuks

Psicanálise da família
Belinda Mandelbaum

Clínica do trabalho
Soraya Rodrigues Martins

Transtornos de pânico
Luciana Oliveira dos Santos

Escritos metapsicológicos e clínicos
Ana Maria Sigal

Famílias monoparentais
Lisette Weissmann

Neurose e não neurose
Marion Minerbo

Amor e fidelidade
Gisela Haddad

Acontecimento e linguagem
Alcimar Alves de Souza Lima

Imitação
Paulo de Carvalho Ribeiro e colaboradores

O tempo, a escuta, o feminino
Silvia Leonor Alonso

Crise pseudoepiléptica
Berta Hoffmann Azevedo

Violência e masculinidade
Susana Muszkat

Entrevistas preliminares em psicanálise
Fernando Rocha

Ensaios psicanalíticos
Flávio Carvalho Ferraz

Adicções
Decio Gurfinkel

Incestualidade
Sonia Thorstensen

Saúde do trabalhador
Carla Júlia Segre Faiman

Transferência e contratransferência
Marion Minerbo

Idealcoolismo
Antonio Alves Xavier, Emir Tomazelli

Tortura
Maria Auxiliadora de Almeida Cunha Arantes

Ecos da clínica
Isabel Mainetti de Vilutis

Pós-análise
Yeda Alcide Saigh

Clínica do continente
Beatriz Chacur Mano

Inconsciente social
Carla Penna

Psicanálise e música
Maria de Fátima Vicente

Autorização e angústia de influência em Winnicott
Wilson Franco

Trabalho do negativo
Vera Lamanno-Adamo

Crítica à normalização da psicanálise
Mara Caffé

Sintoma
Maria Cristina Ocariz

Cidade e subjetividade
Flávio Carvalho Ferraz

Psicologia hospitalar e psicanálise
Alfredo Simonetti

Fairbairn
Teo Weingrill Araujo

Orientação profissional
Maria Stella Sampaio Leite

Acompanhamento terapêutico
Maurício Porto

Ferenczi
Teresa Pinheiro

Psicanálise e educação
Maria Regina Maciel

Psicoterapia breve de casal
Mauro Hegenberg

Vertentes da psicanálise
Maria Laurinda Ribeiro de Souza

Sublimação e *Unheimliche*
Alessandra Martins Parente

Neuroses atuais e patologias da atualidade
Paulo Ritter

1ª edição, 2017

Direção Coleção Clínica Psicanalítica
FLÁVIO CARVALHO FERRAZ

Responsabilidade editorial
ANA CAROLINA NEVES

Coordenação editorial
BRUNNA PINHEIRO CARDOSO

Assistência editorial
KAROLINE DE OLIVEIRA CUSSOLIM
ELISABETE MOURA ROCHA

Capa e projeto gráfico
BLOCO GRÁFICO

Pearson

Casapsi Livraria e Editora Ltda.
Avenida Francisco Matarazzo, 1500 – cj. 51
Ed. New York - Barra Funda
São Paulo/SP - CEP 05001-100
www.pearsonclinical.com.br

Dados Internacionais de Catalogação na Publicação (CIP)
(Andreia de Almeida CRB-8/7889)

Ritter, Paulo
Neuroses atuais e patologias da atualidade/Paulo Ritter
São Paulo: Pearson Clinical Brasil, 2017.
(Coleção Clínica Psicanalítica)

Bibliografia.
ISBN 978-85-8040-787-7

1. Neuroses 2. Patologia 3. Psicanálise
4. Psicopatologia 5. Teoria das pulsões I. Título

17-1121 CDD 150.95

Índices para catálogo sistemático:
1. Neuroses

fontes FREIGHT TEXT, BROWN
papel PÓLEN SOFT 80 g/m²

Impresso no Brasil *Printed in Brazil*